集人文社科之思　刊专业学术之声

集 刊 名：地方治理评论

主办单位：教育部人文社科重点研究基地中国特色城镇化研究中心、
　　　　　苏州大学政治与公共管理学院

主　　编：陈进华

LOCAL GOVERNANCE REVIEW 2019 No.2

2019年第2期　总第2期

集刊序列号：PIJ-2018-356

中国集刊网：www.jikan.com.cn

集刊投约稿平台：www.iedol.cn

地方治理评论

LOCAL GOVERNANCE REVIEW 2019 No.2

陈进华　主编

2

2019／总第 2 期

社会科学文献出版社
SOCIAL SCIENCES ACADEMIC PRESS (CHINA)

地方治理评论
Local Governance Review

2019 年第 2 期

2020 年 11 月出版

本刊特稿

《地方治理评论》2019 年第 2 期

第 3~21 页

© SSAP，2020

论风险社会中的风险认知问题*

张康之**

摘　要：在人类进入 21 世纪的时候，"风险社会"的概念也流行了起来，它意味着人类社会已经发生了重大变化，即表现出风险社会的特征。在风险社会中，矛盾发生了转移，在风险面前，人类成了命运共同体。尽管人与人、人与社会等诸多方面的矛盾依然存在，但其在位序上，则降低到了人与社会风险的矛盾之下。风险社会中的风险是针对每一个人的风险，人在风险面前是平等的，人类历史上曾经出现的一切特权，都被风险抹杀了。所以，在风险社会中，为了谋求人的共生共在，首要的任务就是确立起风险意识。在风险社会中开展行动需要得到科学的支持，因为科学是风险认知的重要途径。但是，人类在工业社会中建构起来的科学却不能承担起风险认知的功能，因而，需要重建适应在风险社会中指导行动的科学。风险社会中的科学是行动者的科学，具有包容性和非垄断性，是将社会价值融入真理探求中的科学。

关键词：风险社会；风险认知；风险意识；科学

之所以德国学者乌尔里希·贝克提出了"风险社会"的概念后其立即

---

* 基金项目：中国人民大学科学研究基金项目重大基础研究计划"通过服务型政府建设去完善社会治理体系"（12XNL003）。

** 张康之，江苏省新型城镇化与社会治理协同创新中心首席研究员，中国人民大学公共管理学院教授。

就得到了人们的广泛接受，是因为人们都感受到人类已经走进了这样一种状态，那就是，风险布满各处，而且这是一个人人都能感受到的经验事实。不仅如此，社会风险的增长也是人们能够明显地感受到的。应当说，风险是一直与人类相伴随的，但是，今天我们所遭遇的风险与人类历史上的任何一个时期都不同。在今天，人们所生活的这个世界似乎处处存在风险，风险已经成为我们这个社会的基本特征之一，所以，可以将我们的社会命名为"风险社会"。的确，今天的人类确定无疑地处在一个高度复杂性和高度不确定性的状态中，各种各样的新问题层出不穷地涌现出来，不仅对人类各种各样的美好理想构成了沉重打击，也对人的生存构成了挑战，让人感受到了无尽的风险和频发的危机事件带给我们的压力。

在风险社会中，"全球的威胁背景——从气候灾难到人口过剩，从世界范围的恐怖主义到养老金的筹资黑洞——不再仅是每位个人，或者在一目了然的共同体中所能了解，相反，它以介质反馈的同时性成为我们共同经历的当下"（吕迪格尔·萨弗兰斯基，2018：102）。在这种情况下，我们需要努力去处理好每一个显现出来的现实任务，需要解决好那些已浮出水面的问题，但我们更应意识到，社会中还存在许多我们尚未察觉或无法弄清的对人类的存在威胁更大的问题。我们无法去把那些问题当作个别的单个问题对待，而是需要确立起一种总体观。就"风险社会"这个概念来看，其意味着一种风险意义上的总体性观念。也就是说，风险不是个别现象，而是我们这个社会所具有的一种总体性特征。在风险社会中，人的共生共在的问题凸显了出来，因而，需要我们通过应对风险的行动去获得人的共生共在的机遇，即要求我们必须带着人的共生共在的追求去开展每一项行动。为了人的共生共在去开展行动，寻求风险社会中的生存和生活方式，首先就会涉及风险认知的问题。它意味着人类在工业社会中所形成的认知模式需要得到改变，即需要根据风险社会的现实以及这种条件下的行动需求去重建认知模式。其中，对风险的认知则是首要的问题。

一   作为风险认知前提的风险意识

在始于 2020 年初的一场全球性的大瘟疫中，中国率先在"抗疫"中采取了非常严厉的措施去阻断病毒的传播。根据世界卫生组织的判断，中国为世界"抗疫"行动赢得了宝贵的时间，即可以在瘟疫流行之前就采取行动，从而将损失降到最低。然而，实际情况并未如世界卫生组织所料，许多国家将这一"宝贵时间"浪费掉了。为什么在这场关涉无数人生命的瘟疫面前会发生如此令人痛心的事？显然，与风险意识的缺乏相关。不难想象，在今天这样一个社会加速化的时代，每一个国家都有大量的常规事务，有既定的发展重心和发展目标，在风险的威胁尚未成为事实的情况下，没有风险意识的支持，是不可能采取应对和防范风险的行动的。由此可见，在风险社会中，没有风险意识，就有可能陷入灾难的泥淖之中。

人与世界的关系，在某种意义上首先是反映在人的意识之中的。没有进入人的意识之中的，即没有意识到的世界，是不构成认识对象的，更不会成为实践的对象，也不会作用于或转化为与人相关的各种关系。意识对于认识和实践以及社会存在的先在性是毋庸置疑的。社会存在中的许多因素，甚至是由人的意识形塑出来的。比如，人们的财产占有状况并不决定他属于哪个阶级，只有当他意识到自己的财产占有状况，才会为自己做出属于哪个阶级的定位。在批驳"经济决定论"的过程中，卢卡奇就表达了这个观点。卢卡奇认为，正是阶级意识构成了阶级和使一定的人群成为阶级的前提，并有可能产生共同行动。也就是说，根据卢卡奇的意见，"阶级意识"才是阶级成为现实的谜底，如果财产占有的情况没有转化为阶级意识的话，就不可能出现有现实意义的阶级，更不可能有阶级行动。

的确如此，人类自从出现了财产占有上的分化之后，也就出现了财产占有上的差异。然而，虽然在表面上看来这种差异也使人们分化成了不同的阶级，但那并不是具有现实性的阶级，是不能带来阶级的共同行动的，只有在人们拥有了阶级意识之后，才会有现实的和自觉的阶级。所以，如果没有《共产党宣言》以及整个马克思主义的理论武装，无产阶级也就不可能是一个具有现实性的阶级，更不用说提出推翻资产阶级统治的目标了。这就是工业社会阶级分化条件下一个非常重要的问题。事实上，就工业社会来看，阶级意识是渗透和贯穿于政治以及社会生活的各个方面的，特别是在政治以及社会治理中，不管在宣示的意义上是如何表述的，在实际运行中，几乎所有安排都是围绕阶级展开的。可是，当人类走进风险社会的时候，在各种意识的排序上，也许处于最高位的应是风险意识。如果人们拥有风险意识，那么，就会看到人类是一个命运共同体。如果没有风险意识，不仅不会认同人类命运共同体的判断，反而会采取有违于人类共同命运的行动。

我们应当看到，风险社会的到来，使矛盾发生了转移。贝克认为，在从工业社会的矛盾状态解放出来的过程中，我们的社会也呈现出风险社会的特征。"工业社会的概念建立在一种矛盾之上，这种矛盾存在于现代性的普遍原则——公民权利、平等、功能分化、论证方法和怀疑论——和其制度的特殊结构之间，在其制度中，这些原理只能在一种部分的、部门的和有选择的基础之上得到实现。由此产生的后果是，工业社会通过其体制而使自身变得不稳定。连续性成为了非连续性的'原因'。人们从工业时代的确定性和生活模式中解放了出来——正如他们在宗教改革期间从教会的束缚中'解放'出来而进入社会一样。由此所产生的震动构成了风险社会的另一面。"（乌尔里希·贝克，2004：9）其实，人类历史上的每一次社会转型过程，都会有风险相伴。而且，如吉登斯所说，"现代性总是涉及风险观念"（安东尼·吉登斯，2001：22）。但是，在整个工业社会中，甚至在整个人类历史上，风险问题都是具体的，是相对于具体的个人、群体、地域而言的，而全球化时代的风险则是广泛的和普遍的。也就是说，在历史上，绝大多数风险是个人或者群体或者地域的风险，因而，并不构成风险社会。然而，在全球化、后工业化运动中，人类遭遇的风险更多地具有普遍性。从表现上看，风险来源更为多样，风险分布面也更广，以至于我们所感受到的是一个全面性的风险社会，也就是风险总体性意义上的社会。这也就是贝克使用"风险社会"一词的原因。所以，全球化时代也是风险社会的时代。而且，人类历史也自这个时期开始走上风险社会的行进道路，不可能再回到没有风险或只有具体性风险的时代了。风险的实质就是社会的高度复杂性和高度不确定性，或者说，是社会的高度复杂性和高度不确定性的表现方式。

贝克认为，"全球化趋势带来不具体的普遍性的苦痛"。因为全球化，风险不再被局限于地域之内，从而有了"飞去来器效应"。"那些生产风险或从中得益的人迟早会受到风险的报应。风险在它的扩散中展示了一种社会性的'飞去来器效应'，即使是富裕和有权势的人也不会逃脱它们。"（乌尔里希·贝克，2004：39）"在现代化风险的屋檐之下，罪魁祸首与受害者迟早会同一起来……它不再承认富裕与贫穷、黑人与白人、北方与南方或者东方与西方的区别。"（乌尔里希·贝克，2004：40）"伴随着风险的全球化，一种社会动力开始发挥作用，它不能再包含在阶级的范畴里并通过它加以理解。"（乌尔里希·贝克，2004：43）具有讽刺意味的是，启蒙思想家为我们确立的人人平等的社会目标却在风险社会中实现了。不是在民族国家的边界内，而是在全球的范围中，平等地面对风险，而不是财富、权利等。正是工业社会中的竞争文化，让人们"在市场机会的争夺中，超出了意识形态的教条论争，所有的人都追寻一种'烧焦的地球'的政策去反对另外所有的人——伴随着轰动的却不能持久的成功"（乌尔里希·贝克，2004：41）。结果，人类被领进了风险社会，让每一个人，不管是什么国家、什么人种、什么阶级，都平等地站立在风险面前。在这种情况下，如果人们还耽于旧的文化观念和思想意识之中，还在利益争夺中去做损人利己之事，就会在加重他人的风险的同时也把自己置于更为深重的风险之中。所以，在风险社会中，需要人们获得和拥有风险意识，并在一切必要的时刻让风险意识超越于其他意识之上。

从风险社会产生的历史轨迹来看，正是人类在不知不觉中造就了风险社会。然而，当已经置身于风险社会中时，人们往往又本能地表现出对稳定和安全的追求。从实际表现来看，"对安全性的承诺随着风险和破坏的增长而增长，并且这种承诺必须对警觉和批判性的公众通过表面的或实质的对技术—经济发展的介入而不断地重申"（乌尔里希·贝克，2004：16）。之所以世界各国的视线都被政治家们引向了对经济发展的关注，是因为经济发展的理由让其他一切都退居到保障性的地位。比如，为了经济发展而要求社会稳定，努力去防止和制止一切对安全形成威胁的可能性。如果有人指出了某种风险正在对人以及社会形成威胁，往往得到的不是让人们警觉起来准备应对风险，反而是对这个指出了威胁的人发动火力，对其进行攻击和制裁。另一种惯常使用的政治操作方式就是通过制造某个风险去回避真实的风险。如果说不同的国家在交往中制造了经济竞争风险，比如打一场贸易战，那无非是一种制造可控的风险并用以去掩盖那些不可控风险的做法。同样，技术进步不仅促进了生产力的发展，让人们享受到技术进步带来的生活和工作等各个方面的福利，而且也具有了意识形态的功能，让人们深信技术已经具有了化解任何风险的能力。但是，这样做也许会起到麻痹作用，即让人们一时忘却真正的风险和威胁。然而，纸总是包不住火的，真正的风险并不会因为人们对它的无视而消失，而且必将以危机事件的形式造访人类。

贝克揭示了风险社会中的政治是如何把指出危险的人当作替罪羊的现实，他说，"对风险来说，通过解释来转移被激起的不安全感和恐惧，比起饥饿和贫困来说是要容易得多。在这里发生的事情不用在这里克服，而可以转移到另外某个方向去寻求并找到象征性的地方、人和东西来克服恐惧。那么，在风险意识中就尤其可能出现并且需要被错置的思想和行动，或者被错置的社会冲突。在这个意义上，准确地说，当危险伴随着政治无为而增长的时候，风险社会就包含着一种固有的成为替罪羊社会（scapegoat society）的倾向：突然间不是危险，而是那些指出危险的人造成了普遍的不安"（乌尔里希·贝克，2004：91）。当然，在风险社会中，人们可能在心理上更加感受到了稳定的意义。但是，如果将此作为麻痹自我的安慰剂的话，不仅不能避免危险，反而会遭遇更多的危险。不过，无论如何，对于指出危险的人来说，即便是属于误报，也应予以充分的宽容。我们不应苛责指出危险的人，而是应当随时准备应对可能出现的危险。只有这样，才能说我们拥有了风险意识，才能够在风险社会中获得更多的避免危险的机会，也才能应对随时有可能造访的危险，至少不会在突然袭来的危险面前变得手足无措。

贝克意识到，风险社会应当有不同于工业社会的生存策略。"在旧的工业社会中生存，与物质贫困的斗争和规避社会萧条的能力是必要的。这是以'阶级团结'为集体目标和以教育行为和职业安排为个体目标的行动和思考的焦点。在风险社会中，另外的能力变得极为重要。在这里，预期和承受风险的能力，以及在个人生涯中和政治上处置危险的能力，拥有了重要的意义。"（乌尔里希·贝克，2004：91～92）风险社会与工业社会的不同是显而易见的。如我们已经指出的，虽然工业社会中也有风险，但那种风险不是总体性的，不是每一个人都必然遭遇到的，而在风险社会中，风险是平等地加予每一个人的，差别只是是否遭遇了危险。风险社会意味着人类的命运如此密切地关联在一起，每个人的生存都是建立在人的共生共在的前提之下的，只有为了人的共生共在去开展行动，才能使自己获得更多的生存机会。为了做到这一点，根据贝克的看法，首要的任务是确立起风险意识，甚至造就出风险社会特有的政治。"在哪里现代化风险被'承认'……在哪里风险就发展出一种难以置信的政治动力。"（乌尔里希·贝克，2004：93）这种政治就是对风险的认识和处置，它原先并不属于政治的范畴，而是更多地被作为技术方面的事情看待的。但是，当风险超越了利益而成为最为普遍性的社会现实时，原先主要处理利益关系的政治也需要从对利益的关注中超脱出来。

风险政治是风险的政治化，也是处置风险的工具，还是人们在风险社会中的一种社会生活方式。人们在这种政治生活和活动中，始终拥有风险意识。也许在一个很长的时期内，利益问题仍然会成为个人、群体、阶级等所关注的问题，但政治的功能应当转移到形塑全社会的风险意识方面。只有这样，政治才算发挥了其应有的作用。由于风险不仅意味着相对于个人、群体等的危机，而且也有可能意味着整个人类的灾难，风险使人类成为命运共同体，以至于这个社会如贝克所说，所有的行动都有了超出革命的政治意义。"风险社会不是一个革命性的社会，而是灾难性的社会。"（乌尔里希·贝克，2004：95）人反对人的历史应当改写为人类共克时艰的行动。当然，我们也需要指出，虽然风险社会中不再有革命性的行动，但从工业社会的政治模式中走出来，转化为一种新型的政治模式，显然是一种革命性的变化。

二　作为风险认知手段的科学

在风险社会到来后，如果人们还未形成风险意识的话，那是非常危险的。这是因为，风险社会不同于以往的是，可以消弭和抑制风险的社会运行惯性以及系统中的那些说不清道不明的因素都不再发挥作用，任何一种哪怕微不可察的风险，都有可能衍化成危机事件。就如贝克所说，"风险即使是很微小的可能性也具有其威胁性的后果。如果对风险的认识基于'不明确的'信息状况而被否认了，这就意味着必然的反作用被忽略了而危险在增加"（乌尔里希·贝克，2004：73）。在这种情况下，寄望于科学也可能是会令人失望的。因为，"参照科学精确性的标准，可能被判定为风险的范围被减到最小，结果科学的特许暗中在允许风险的增加。坦率地说：坚持科学分析的纯洁性导致对空气、食物、水体、土壤、植物、动物和人的污染。我们因而得出一个结论，在严格的科学实践与其助长和容忍的对生活的威胁之间，存在一种隐秘的共谋"（乌尔里希·贝克，2004：73）。在科学权威令人无限崇拜的情况下，将科学说成是风险社会被制造出来的共谋，似乎是对科学的极大不敬。不过，也不能因此而对贝克的这一说法表达反感。那是因为，科学的确存在一种缺陷，那就是，总在具体的事项上确立具体的标准。也许对食品、生活用品及其生产过程和环境等每一个具体的方面进行检验的时候，都可以判定其达到了某个严格的标准，但将它们放在一个相互影响的系统中去看的话，也许带来的就是严重威胁人的生存的现实。我们可以判定每一个科学家、每一门科学都是理性的，但他

（它）们的活动在整体上可能呈现出来的恰恰是非理性的后果，从而把人类推入风险社会之中。当我们置身于风险社会之中的时候，对科学及其理性的传统认知也许需要调整，我们需要在日常的生活和行动中注入风险意识。无论这种风险意识是理性的还是非理性的，只要适度，就是必要的和有益的。其实，在某种意义上，我们应当超越理性或是非理性的认知传统，即不在理性或是非理性的角度去看风险意识和做出相应的判断。

贝克对于科学在风险社会中的表现表达了非常激烈的批评意见，他说，"科学已经成为对人和自然的全球污染的保护者。在这方面，不夸张地说，在很多领域中科学处置风险的方式，在没有进一步去关注它们的理性历史声誉之前，都是在挥霍这种声誉"（乌尔里希·贝克，2004：83）。其实，科学之所以会出现这种问题，是因为其背后的思维方式已经不能适应风险社会的要求了。事实上，工业社会的社会治理体系以及文化制约了人们，使人们很难对风险持有一种真正科学的认识和观念。贝克揭示道，"在对科学的文化批判中，出现了相反的情形，人们最终要求助于他们所反对的东西，即科学理性。很快人们会遇到这样的规律，只要风险没有获得科学的认识，他们就不存在——至少在法律上、医学上、技术上或科学上不存在，因而它们不需要预防、处置和补偿。再多的集体呻吟也不能改变这些，只有科学可以。因而科学判断对真理的垄断迫使受害者自己去运用所有科学分析的方法和手段达到他们的要求"（乌尔里希·贝克，2004：85~86）。如果说在整个工业社会中科学都是理性的代名词的话，那么，当人类遭遇了风险社会的时候，科学在所有具体事项和专业领域中的理性都变成了社会意义上的非理性。只是因为科学曾经赢得人们的尊重和信仰而仍然在发挥作用，人们才表现出对科学结论的不怀疑。然而，也恰恰是这一点，对人类造成了极大的伤害，使人类在风险社会中陷得更深了。

显而易见，科学的发展到了20世纪后期已经不再像此前那样让人们看到它所开辟的道路是一片光明，反而带来了诸多令人意想不到的消极后果。而且，越是瞻望前路，越是感到存在更多不可预测的和突然袭来的乌云。贝克说，"科学工作的次级影响的不可计算性必然因为科学的不断分化而加剧。科学家实际上已经与对他们成果的应用区分开来；他们不可能影响到那个领域；其他人为此负责。结果，科学家不能为他们从分析的角度得出的实际后果负责。尽管人们开始在很多领域说一种共同的语言，但是理论和实践的距离不是缩短而是增加了，相应地，应用者依靠自己的利益去使用成果的可能性也增加了"（乌尔里希·贝克，2004：211）。科学家并不对自己的研究负责，科学与实践相脱节，科学家并不决定其研究成果如何应用和应用于什么目的，甚至科学家应当研究什么也不是自己能够做主的。至于那些有决定权的人，无论是在界定科学家的研究范围还是在应用其研究成果方面，都是由具体的利益决定的。只要利益能够得到实现，哪怕让社会为之付出惨痛代价，其也会毫不犹豫地去做。这种情况表明，科学已经变成了政治和商业，基金会给予什么课题以资助，科学研究成果流向什么地方、为谁所用，都直接地受到政治和商业的控制。在此过程中，科学家也把自己的研究活动当作交换的筹码，而不是为了人类的福祉去开展科学研究。在科学以及科学研究群体越来越细的分化中，"科学，包括自然科学，变成了资金丰厚且需求论证的消费者的自助商店。个别科学发现的超复杂性给予了消费者在专家群体内和之间对专家进行挑选的机会。仅仅通过选择包括在顾问圈子中的专家代表就预先决定了政治程序，这是寻常之事。不仅是从业者和政治家可以在不同的专家群体中进行挑选，而且那些群体在学科内部和学科之间也在进行相互的争斗，而通过这种方式，消费者的自主性增加了"（乌尔里希·贝克，2004：214）。由此可见，科学与资本主义的结合本身就是科学的悲剧，也是人类的梦魇。正是这个原因，科学在人类陷入风险社会的过程中扮演了极不光彩的角色。可笑的是，在人类已经步入风险社会的时候，竟然有人发明了"知识资本"的概念，还提出所谓"知本主义"并赢得诸多拥趸。与此不同，贝克提出了建构"反思性科学"的设想。不过，我们认为，这不是科学自身的问题，而是一个社会问题，科学自身并不能担负起改变自身的任务，而是需要一场社会运动去改变科学的属性和功能。事实上，从上述我们所引贝克的论述来看，科学其实是受到了政治和商业的控制才扮演了某种反社会的角色。如果希望科学回归它应有的位置，需要改变的是它受到政治和商业所控制的状况。这也就是一个还科学以自主性的问题。

面对风险社会，反思性的判断显然是，对风险的认知不可能由传统的任何一门学科做出，相反，"科学理性声称能够客观地研究风险的危险性的断言，永久地反驳着自身。这种断言首先基于不牢靠的猜想性的假设，完全在概率陈述的框架中活动，它的安全诊断严格地说，甚至不能被实际发生的事故所反驳……风险的界定是基于数学的概率和社会的利益，特别当它们是带着技术的可靠性被提出的时候"（乌尔里希·贝克，2004：29）。所以，当这种基于数学的实验科学预测和界定了风险的时候，那其实并不是风险，而真正的风险，却在它们能够预测和界定的范围之外。近代以来的科学所能够把握的往往是表面意义上的联系，是在直接性的因果线条中去预测未来的。也就是说，认识和把握住了某些条件，也就知道了结果是什么样子。然而，引发风险的因素是非常复杂的，许许多多表面看来并无联系的事物、行为等，也许都在风险的生成中发挥了作用。比如，你住在自己的别墅中，养着自己的宠物，享受着现代化的空调设施，过着富裕的生活，似乎是与他人无关的。如果有人说你的生活与社会相关，你可能会指出你的消费对 GDP 做出了贡献。但是，在全球性的食品短缺、温室效应以及各种各样的资源危机中，是否也有你的一份"贡献"呢？对于科学而言，它是绝不可能把你的生活归入风险源之中的。这就是科学的局限性。

所以，人们可以看到这样一种奇怪的现象，"社会运动提出的问题都不会得到风险专家的回答，而专家回答的问题也没有切中要害，不能安抚民众的焦虑"（乌尔里希·贝克，2004：30）。贝克把这种情况说成是科学理性与社会理性的分裂。他认为，面对风险，科学理性与社会理性更应结成同盟，因为它们的相互依赖关系是应对风险的保障。这是因为，"对工业发展风险的科学关怀事实上依赖于社会期望和价值判断，就像对风险的社会讨论和感知依赖于科学的论证……公众的批评和焦虑主要来自于专家和反专家（counter-expertise）的辩证法。没有科学论证和对科学论证的科学批判，它们仍旧是乏味的；确实，公众甚至无法感受到他们批评和担忧的

'不可见'的对象和事件。这里我们可以修改一条著名的谚语：没有社会理性的科学理性是空洞的，但没有科学理性的社会理性是盲目的"（乌尔里希·贝克，2004：30）。

正如米尔斯所说，"当人们珍视某些价值而尚未感到他们受到威胁时，他们会体会到幸福；而当他们感到所珍视的价值确实被威胁时，他们便产生危机感——或是成为个人困扰，或是成为公众论题。如果所有这些价值似乎都受到了威胁，他们会感到恐慌，感到厄运当头"（赖特·米尔斯，2016：12）。显然，在全球化、后工业化的历史性社会转型中，许多由人珍视的在工业社会生成的价值受到威胁是必然的，特别是那些基础性的社会价值正在受到挑战，肯定会引起人们的恐慌。在所谓风险社会的认知中，是包含着对一些根源于工业社会的传统价值受到了挑战和威胁带来的恐慌之认识的。但是，对于这些原因引发的风险，应当有明确的顺应历史性社会转型需求的态度。

我们珍视人类文明化进程中创造的一切积极成果，但绝不意味着我们应当把历史上所创造的一切都当作包袱背负在肩上，而是要基于新的现实和社会发展的要求去做出选择。工业社会是人类历史上一个伟大而辉煌的阶段，特别是在社会建构以及社会治理上，创造了民主与法治的模式及其价值观。在全球化、后工业化进程中，显然有一个如何对待这一遗产的问题。从现实来看，社会的高度复杂性和高度不确定性提出的要求是，不应当把这些在低度复杂性和低度不确定性条件下的创造物原封不动地搬运到后工业社会中去，而是需要做出认真的审视，从中发现那些有益于高度复杂性和高度不确定性条件下社会生活的因素。如果不能秉持这样一种态度，就会在既有的价值受到挑战和冲击的时候感受到威胁。所以，每当我们感受到既有的价值受到挑战，特别是在我们每一次感受到某些系统性风险的时候，就应当采取更为积极的回应态度，应当在面向未来的维度中去理性地面对威胁，而不是做出感性意义上的抗拒。对工业社会的科学发出疑问和表示怀疑，也会使我们既有的价值观念受到扰动，但是，当科学在风险社会中表现出无力指导我们的行动的时候，建构适应风险社会中开展行动的科学，则是必须承担起来的科学重建之任务。

三　在行动中建构风险认知能力

正如贝克所说的，在今天，社会科学的研究不应是"沿着社会研究的经验路线进行的。倒不如说，它孜孜以求的是另一种抱负：在仍旧占优势的过去面前，改变正在开始成形的未来"（乌尔里希·贝克，2004：2）。因为我们处在一个变革的时代，虽然既有的知识和经验是我们再出发的前提和重要资源，但是，我们应把视线投向未来，把我们的研究目的放在建构未来之上。事实上，在此过程中，我们更应自觉地绕过那些阻碍着我们遥视未来地平线的山峰，而这些山峰正是在历史中崛起的。在今天，我们已经明显地感受到风险社会的袭来，也意识到风险社会是一种崭新的社会形式，正在从工业社会的轮廓中脱颖而出。或者说，风险社会是工业社会发展的结果，是人类在工业社会中所创造出来的，也是人类社会发展的一个新的阶段。不过，在细节上，风险社会仍然是模糊的。所以，贝克认为，"在获得清晰的景象之前，无论如何，一种稍远一些的未来必须进入视野之中"（乌尔里希·贝克，2004：2）。可以相信，风险社会各个方面的细节都会在时间的绵延中展现出来，而我们只有把视线放在稍远一些的未来上，才能找准前行的方向。如果我们太多关注当下的风险社会细节，也许就会迷失在未来的征途上。那样的话，人类所付出的代价将是高昂的。所以，贝克为社会科学研究所提出的要求是，"在这里，不要给自陷危境的文明令人恐怖的全景画再添加任何东西，这种景象在舆论市场的各个部分都业已被充分描绘"（乌尔里希·贝克，2004：2）。从科学发展史来看，在工业社会这个历史阶段中，科学体系的建构一直是在科学的学科分化过程中实现的。科学的学科分化增强了专业性，但也使整体观念丧失了。面对风险这样一种综合性的、系统性的问题，每一个学科视野所提供的都只是单一的视角，并不能在整体上取得正确的认识。这就是贝克所指出的，"一般而言，各种科学和学科所关心的问题是非常不同的。风险界定的社会影响因而是不依赖于它们的科学合法性的"（乌尔里希·贝克，2004：33）。然而，在进入风险社会后，这种在学科分化中所形成的专业化却无法在风险界定方面有效地发挥作用。所以，贝克提出建构起可以进行风险批判的反思性科学这样一个问题。贝克认为，"风险社会潜在地也是一个自我批判的社会。批判的参照点和前提以风险和威胁的形式产生出来。风险批判不是一种规范的价值批判。正是在传统进而是价值衰落的地方，风险出现了。批判的基础不是过去的传统而是未来的威胁"（乌尔里希·贝克，2004：218）。当然，这种批判应当由科学自身做出，但社会价值不可能在此批判中缺位。这就意味着，科学研究者必须拥有社会价值，并将这种价值贯穿于他的整个研究过程中，是在研究过程中随时进行批判的。这种批判本身，就是科学研究者自主性的体现。毋宁说风险就是科学研究者所应拥有的价值，这种价值不同于以往任何一个社会中的价值，却是风险社会中最为重要的价值。风险价值是以风险理念、风险意识的形式出现的，有了这种意识，也就能够转化为一种风险感知能力，并在一切行动中都努力去把握风险的可能性。一旦在科学活动中将风险价值贯穿于始终，去做出这种只有在风险社会中才有的价值批判，就能够最大限度地防范、化解或消除风险。

我们承认，人类的几乎一切行动中都包含着知识、智慧、信念和信心。近代以来，为人的行动提供指导的，主要集中在知识方面。科学所提供的就是知识，因为科学就是专门致力于知识生产的社会活动。当然，在对知识进行分解的时候，科学还援用了其他概念来指称不同类别的知识，表现对其他领域的文化和观念的承认或应用。但是，总体看来，科学是狭隘的，在仅仅关乎知识的时候，往往把智慧、信念和信心等都排斥在科学研究之外。古代哲学曾宣称关注人的智慧，而到了近代，在认识论的基本框架搭建起来以后，它已经不再拥有去理解智慧、关注智慧的雄心壮志。这个时代，被称作哲学的东西，也无非是科学范式中的部分填充物。也许所有这些概由培根所误导，但是，我们今天必须接受这个现实。同时，我们必须认识到，在科学失去了指导人们在风险社会中开展行动的功能时，甚至妨碍了我们在高度复杂性和高度不确定性条件下的行动时，我们就需要做出选择。其中，终结这个作为现实的想象，即突破这个仅仅关注知识的科学范式，代之以能够同时包容人类智慧、信念和信心的科学。

奈特的研究发现实际上也是我们每个人都经历过的，只不过当我们的思想被某种错误的科学理念征服后，其往往表现出对我们亲身经历的那些经验的可靠性的怀疑。即使在我们每日的生活中都仍然坚持做出那些行为，我们也往往不愿意在理性思考中接受它们。事实上，我们"绝大多数的日常决策都是下意识做出的。我们不知道自己为什么预期某件事会发生。我们是如何回忆起一个遗忘已久的名字，对此我们同样莫名其妙。毫无疑问，无论是'直觉'的下意识过程，抑或是符合逻辑的思维结构，它们之间具有某种可比性。两者都是对未来的预测"（弗兰克·奈特，2011：174）。虽然这是一种功能上的可比性，却提醒我们凭借直觉而做出的决策并非无稽之谈。或者说，那是一个也应得到科学研究的思维活动领域。遗憾的是，"人们往往忽略了日常行为的真正逻辑，或者说心理学内涵。逻辑学家更关注论证性推理的结构"（弗兰克·奈特，2011：174）。如果我们对奈特的这一认识给予足够重视的话，我们也许就能在思维基础方面找到科学重建的出路。首先，我们需要拥有风险意识；其次，我们并不通过分析的方式去做出是否存在风险的确认；最后，需要相信我们的直觉判断。其实，所有这些都要落实在行动中，给予行动者以充分的自主权。在某种意义上，我们将风险社会中的科学看作行动者的科学，而不是让在社会中开展活动的人们成为科学的行动者。

相信行动者具有与行动相关的必要认知能力，就会把开展行动的行为选择权交给行动者。如果对行动者的认知能力抱持怀疑态度，就会导向两个方向。其一，对行动者提出严格的、明确的行为要求，对具体事项进行指导和干预，即表现出一种"命令主义"。这样的话，自然而然地形成了集权体系，行动者则被形塑为被动的执行者。其二，事事求助于专家，在每一次行动开展之时，进行咨询，问策于专家，如果行动失败了的话，一切责任也都可以归于那份严谨的科学报告。就 20 世纪中期社会科学的实证研究兴起而言，其很大程度上是由这种需求推动的。因为，在民主的意识形态将集权体制恶魔化的背景下，行动者求助于科学是比较安全的选择。而且，在行动者对自我的认知能力表示怀疑的情况下，希望从专家那里得到的不是建议，而是成形的、明确的行动方案。对于专家而言，为了保证自己提供的方案是可靠的，其就应当以科学研究结论的形式呈现出来，即打扮成通过数据和逻辑证明的别无选择的方案。这同样也是专家谋求安全的需要。因为，只要数据是可靠的，专家所形成的结论就是科学结论，至于行动结果以失败而告终，则不能视为专家的过错。所以，实证研究流行了起来，专家于这种研究中只有收益而无风险。最为重要的是，它也刺激了"需求侧"，让行动者体验到听从专家的和按照专家的研究报告行事既安全又有益。也就是说，行动的成功会成为自己的功劳，行动失败了的话，如果分析了专家的研究报告并未发现问题，那就是某些不明的原因造成的，因而不能视作自己的责任。当然，我们并不能仅仅从主观的角度去看实证研究的"需求侧"。这是因为，社会的复杂性和不确定性确实对行动者的认知能力形成了挑战，会对行动者的认知信心构成威胁，以至于行动者也有求助于专家的真诚愿望。但是，在风险社会中，我们并不能出了问题相互"甩锅"，最后发现"甩锅"也找不到着落处。在风险社会中，每一个行动者都是责任的承担者，是因为愿意承担责任而总是能够在每一个错误的苗头出现之时就及时发现了问题，从而把后果责任化解到无。

科学之中肯定存在某些具有永恒性的因素，但科学的历史性也是必须承认的问题。在今天看来，科学中所包含的那种从属于因果判断的思维方式就是具有历史性的。在现代性的意义上，"坚持对因果关系进行严格验证，是科学理性的核心内容。保持精确而对自己和他人'不承诺任何东西'是科学精神的核心价值之一。同时，这些原则来自于别的语境，甚至可能来自于一个不同的知识时期。在任何情况下，它们对于文明风险在根本上就是不恰当的。当污染泄露只能在国际交换模式及相应的平衡中理解和测量的时候，将单个物质的单个生产者与确定的疾病建立直接的和因果的联系显然是不可能的，那些疾病可能还有其他的影响和促进因素"（乌尔里希·贝克，2004：74 ~ 75）。坚持寻找因果关系的人，可能恰恰会陷入主观主义的陷阱之中，即无视现实的联系而把他所杜撰出来的某种联系说成是客观存在的。所以，在高度复杂性和高度不确定性的条件下，如果我们希望搞清某些事件的来龙去脉的话，也必须摆脱因果联系的线性思维的纠缠。更为重要的是，面对一场危机，我们的重心应当放在应对危机事件上来，而不是围绕危机事件发生的原因去开展无意义的争论。比如，当人们陷入一场瘟疫之中时，即使认定了病毒来源于某只蝙蝠，也无助于"抗疫"行动。因为，这个时候已经不再是去消灭蝙蝠的问题，而是如何抑制病毒的传播问题。再者，即使能够通过科学去判定蝙蝠带来了病毒，那么，判断是蝙蝠生产了这种病毒还是另有其他"生产者"，也会成为一个问题。

可见，不仅是贝克，其实许多科学家在讨论风险社会何以产生时，都把工业社会的科学及其技术作为原因之一。不过，我们必须指出，虽然科学和技术是我们当前风险社会的来源之一，但是，我们并不能因此而一概地否认科学技术。"对科学产生敌对态度，甚至进一步对其他的理想思想也采取敌视的态度，这种态度显然是不可取的。如果没有科学的分析手段，我们甚至不能认识到这些危机。"（安东尼·吉登斯，2001：31）但是，我们与科学的关系以及科学自身，都需要改变。其实，一方面，科学处在发展之中，与"科学"这个名称相称的，就是它永远开放地走向未来；另一方面，科学并不只有一种形式和类型，也并不只使用一种思维方式，它应当是包容性的，绝不排斥其他的思维方式和思想。科学是站在蒙昧主义对立面的，科学是能够解决现实问题的，只要具有了这两个方面的品质，科学就应当得到承认和包容。所以，如果认为现代性的科学是唯一的，实际上就是狭隘的"理性原教旨主义"，就会把科学变成一种没有前途的信仰。如果认为科学是在发展中不断地开拓未来的，那么，把人类带入风险社会的科学就会得到修正，科学就会在改正自己的错误的过程中前行。总之，我们倡导科学的包容精神，不以任何既有的原理、程式去排斥能够在实践中有效解决问题的方案。比如，一个对治病救人有奇效的诊疗方式，如果因为不合乎既有的科学程式而受到排斥的话，那就是缺乏包容精神的狭隘的"理性原教旨主义"，就是风险社会中的消极因素，就可以被判定为反科学的做法。

参考文献：

安东尼·吉登斯，2001，《失控的世界——全球化如何重塑我们的生活》，周红云译，江
　　西人民出版社。

弗兰克·奈特，2011，《风险、不确定性与利润》，郭武军、刘亮译，华夏出版社。

弗朗西斯·福山，2007，《国家构建：21 世纪的国家治理与世界秩序》，黄胜强、许铭原
　　译，中国社会科学出版社。

赖特·米尔斯，2016，《社会学的想象力》，陈强等译，三联书店。

吕迪格尔·萨弗兰斯基，2018，《时间——它对我们做什么和我们用它做什么》，卫茂平
　　译，社会科学文献出版社。

马丁·洛奇、凯·韦格里奇，2019，《现代国家解决问题的能力——治理挑战与行政能
　　力》，徐兰飞等译，中国发展出版社。

毛跃、宋小梅，2018，《中国历史方位的理论解析》，《观察与思考》第 9 期。

世界银行，2018，《2017 年世界发展报告：治理与法律》，胡光宇等译，清华大学出
　　版社。

乌尔里希·贝克，2004，《风险社会》，何博闻译，译林出版社。

中共中央文献研究室编，1999，《毛泽东文集》（第七卷），人民出版社。

中国行政管理学会编，2002，《新中国行政管理简史（1949—2000）》，人民出版社。

Perception of Risk in Risk Society

Zhang Kangzhi

Abstract：In the 21st century, the concept of "risk society" is also popular, which means that human society has changed greatly, that is, it shows the characteristics of risk society. In the risk society, the contradiction has shifted. In front of the risk, human beings have become a community of common destiny. Even though there are still many contradictions between people and people, person and society, in the order of rank, they are reduced to the contradiction between human and social risks. The risk in the risk society is the risk for everyone. People are equal in front of the risk. All privileges that have appeared in human history have been wiped out by the risk. Therefore, in the risk society, in order to seek the co-existence of human beings, the first task is to establish the awareness of risk. It needs scientific support to carry out actions in risk society, because science is an important way of risk cognition. However, the science constructed by human beings in the industrial society can not bear the function of risk cognition. Therefore, it is necessary to reconstruct the science that adapts to guide actions in the risk society. Science in risk society is the science of actors, which is inclusive and non monopolistic, and integrates social value into truth seeking.

Keywords: Risk Society; Perception of Risk; Risk Awareness; Science

国家治理

《地方治理评论》2019 年第 2 期
第 25 ~ 46 页
© SSAP，2020

道路选择与制度选择：国家治理的根本[*]

刘建军　邓　理[**]

摘　要：道路选择和制度选择涉及国家治理的根本问题。道路选择决定制度选择，制度选择则对道路选择具有保障作用。中国的道路选择以马克思主义为基础，建立了中国特色社会主义道路，而历史和现实、理论和实践、形式和内容的有机统一，则构成了国家政治制度选择的基本原则。中国制度模式具有独特优势，这具体体现为组织优势、结构优势、发展优势和效率优势。在顶层设计层面，制度自信要求不断巩固"强领导、广协商、大统战"的整体格局，构建与中国"历史—社会—文化"条件和经济发展水平相适应的国家治理体系。总体而言，中国的制度模式不能脱离社会主义道路，而治理体系的优化和治理能力的提高则将充分发挥和彰显中国的制度优势。

关键词：国家治理；道路选择；制度选择

一　引言

当我们把技术治理、社会治理、生态治理、文化治理等作为国家治理

---

[*]　基金项目：国家社科基金重大项目"资本 - 福利 - 信息时代西方政治制度的困境与历史局限研究"（13&ZD035）。
[**]　刘建军，复旦大学国际关系与公共事务学院政治学系主任、教授、博士生导师，复旦大学当代中国研究中心主任；邓理，复旦大学国际关系与公共事务学院博士生。

的重要内容来看时，我们是否忽略了国家治理的根本呢？的确，国家治理拥有丰富的内容，包含异常复杂的要素。但是，对国家治理形而下者的关注不能掩盖对国家治理形而上者的重视。因为国家治理的所有要素、开展过程及其目标设定，都是服从于国家治理的根本问题的。国家治理的根本就是两个：一是道路选择，二是制度选择。巴林顿·摩尔的《民主与专制的社会起源》一书实际上就是对道路选择在比较视野和历史社会学视野中所做的精彩研究。道路选择涉及一个国家赖以立足的政治哲学、经济哲学和文化哲学。道路选择不是一个自然的历史过程，而是与领导者的价值观、革命观和利益观密切相关的。换言之，道路是选择出来的，尽管这一道路会受制于传统的社会结构，但归根到底是领导者创造出来的。有什么样的道路选择，就一定会有什么样的制度选择。如果说道路选择宛如一个人的灵魂，那么制度选择就是储存这一灵魂的肉体系统。

基于这样的理论判断和历史判断，那么我们在关注新时代推动国家治理体系和治理能力现代化时，就有两大根本问题需要进一步明确：一是道路选择，二是制度选择。道路选择既是本，也是根；制度选择既是保障，也是动力。有什么样的道路选择，就会有什么样的制度选择。道路选择决定制度选择，制度选择保障道路选择。因此，中国国家治理现代化需要解决的两大根本问题就是道路选择和制度模式的选择。在这两个问题上，是没有太多回旋余地的。它既得益于历史传统和社会结构等客观力量的孕育，也是领导者基于特定的政治立场、政治信条和政治追求探索和总结出来的。

二　作为政治生命的道路选择

2013 年 3 月 19 日，习近平在出访俄罗斯之前，接受金砖国家媒体联合采访。他谈道："正如一棵大树上没有完全一样的两片树叶一样，天下没有放之四海而皆准的经验，也没有一成不变的发展模式。……只有走中国人民自己选择的道路，走适合中国国情的道路，最终才能走得通，走得好。"（习近平，2013）道路问题，决定着一个国家现代化的目标指向和政治属性。正如习近平所说的："道路问题是关系党的事业兴衰成败第一位的问题，道路就是党的生命。"（习近平，2014：21）纵观世界范围内各个国家的发展道路，具有代表性的就是两条道路：一是资本主义道路，二是社会主义道路。著名历史学家许倬云先生曾经这样说："两次世界大战期间，世界各国分别走向集权国家发展国力的激进方式与民主国家推动社会福利的渐进方式这两条途径。这两条道路之间，有冲突有学习，彼此纠缠，至今还在进行之中。"（许倬云，2009）东欧剧变、苏联解体曾经给社会主义道路蒙上阴影，以至于美国学者福山喊出了"历史的终结"，即自由主义在苏联、东欧的胜利意味着历史的终结，自由征服世界之日也就是历史终结之时。这显然是一种西方式的自大狂，甚至是西方文明尤其是美国文明塑造出来的一种愚昧与无知。且不说自由主义在苏联、东欧的实现程度本身就值得怀疑，更为重要的是东欧剧变、苏联解体非但不是社会主义道路陷入失败的征兆，反而从反面证明了不走社会主义道路所带来的严重社会与政治后果。东欧剧变与苏联解体恰恰证明了打着社会主义旗号的"官僚社会主义""特权社会主义""裙带社会主义"道路是走不通的。中国道路为什么能够走得通？有中国特色的社会主义道路为什么在全球范围内备受瞩目？这恰好说明了中国的社会主义道路不仅是适合中国国情的，也是符合社会主义之根本精神的。

　　习近平的"道路就是党的生命"这一论断，其实在革命战争年代就已经得到了充分的验证。中国共产党在探索中国化革命道路的过程中，显示出富有远见的战略性和灵巧的策略性。特别是经历了长征后的中国共产党，在经验和教训的锤炼和洗礼中，她驾驭情势的灵活性策略使其具有愈来愈强的创新能力。一个显而易见的例证就是，共产党所坚持的阶级斗争理论往往会随着客观情势的变化而变化，一个阶级的政治属性并不是被僵化地安置于革命与反革命这样一个两极对立、互不相容的结构中。正是这一创新力为其在抗日战争和解放战争期间积聚了丰富的政治资源，也吸收了更多的政治能量。例如，在抗日战争期间，共产党人暂时放弃了没收土地的政策，主张减租。地主一般都拥有土地所有权，他们经过削减的地租收入仍有保障，并被允许参加当地的选举。共产党人宣布实行直接选举，用"三三制"来取代先前的苏维埃制度（费正清、赖肖尔，1992：500）。共产党富有弹性的创新力展示了一种高超的政治辩证法。当然，最能体现中国共产党创新力的莫过于它对中国革命主力军的寻找与定位。

毫无疑问，经典的马克思主义认为无产阶级革命的主力军是工人阶级。中国革命一度也把城市作为革命的主要阵地。但是，以毛泽东为代表的中国共产党人最终找到了革命的主力军，而且创造性地将马克思主义与中国实际相结合，走出了一条"农村包围城市"的道路，最终取得了革命的成功。道路就是党的生命。这是最好的例证。事实上，走出这样一条革命之路，是很不容易的，是需要艰苦摸索的。中国革命以农民革命的形态表现出来，是经历了一个艰难的探索过程的。中国共产党在革命道路的选择过程中所表现出来的创新能力是主观因素与客观因素的相互叠加所孕育出来的。就客观因素来说，1927 年国民党所采取的"清党运动"使中国共产党在城市中的革命空间急剧萎缩，其首要任务就是要在国民党控制程度相对较弱的农村建立革命根据地。当然，中国领导人特别是毛泽东对客观情势的判断对日后革命道路的选择是有决定性影响的。在国民党"清党运动"之前，毛泽东已经将政治思考的重心从城市转移到了农村。以研究毛泽东政治思想见长的施拉姆教授认为，毛泽东把工人阶级的领导这一原则纳入他的信念中：中国革命的命运最终有赖于农村所发生的一切。尽管这需要在一定程度上赋予农民一种与马克思主义的正统观念极不协调的积极属性（费正清、赖肖尔，1992：884）。对中国阶级结构和革命策略有特殊智慧的毛泽东，通过理论的建构解决了革命道路中国化的问题，正是由他推动的这次转型缔造了中华人民共和国。

西方学者也非常客观地指出，共产党人所坚持的马克思主义理论，强调无产阶级作为反帝斗争先锋队的重要性，而在这方面中国共产党并没有取得多少进展。他们却不失时机地赢得了农民的支持（巴林顿·摩尔，1987：391）。源自俄国和欧洲的革命模式在其中国化的过程中发生了前所未有的转型。正如谢和耐所说："如果中国共产党人始终忠于由其苏联顾问强加给她的准则规范和从根本不了解中国实际情况的莫斯科发出的遥控指示，那么他们可能就永远无法获胜。……一场农民革命运动在农村是因违背苏联的指示并与正统的腔调背道而驰才得以发展起来的。大家在中国所发现的不是根据西方的陈旧传统和确保十月革命夺权的突发性城市起义，而是以农村包围城市的漫长过程。"（谢和耐，1995：559）也许正是基于这一原因，在由美国学者主编的《世界文明的源泉》（*Sources of Civilization*）一书中，毛泽东的《湖南农民运动考察报告》赫然位于其中。在该书第六编"当代文明"中与毛泽东同时出现的另外两个人是甘地和马丁·路德·金。编者对中国的农民革命是这样评价的："如果马克思看到共产主义在俄国生根很惊讶的话，那么他看到共产主义征服了中国，就一定会很震惊；因为中国的农业人口比俄罗斯更多，只有很少的工业无产者人口。显然，按照正统马克思主义理论，这根本不是发生共产主义革命的地方。像在俄罗斯的情况那样，共产主义在中国的成功与一个人——毛泽东的活动息息相关。毛泽东在实现两大目标方面做出了卓越贡献。首先，他将马克思主义的理论与实践应用于中国的实际情况。尽管缺少产业工人的基础，但是却面对上亿农业劳工，其中大部分生活在赤贫状况下，他便到这些农民中去寻找他的革命力量。……1926年，中国内地的农民开始起来反抗地主，但是毛泽东的许多合作伙伴轻视他们的努力。毛泽东决定亲自去那些地方看看到底在发生什么事情。"（奥利弗·A. 约翰逊、詹姆斯·L. 霍尔奥森，2004：255）所以，中国革命在历史上通常被认为是伟大的农民革命，甚至被称作农民革命的典型。当然，如果没有农民军队和广大农民的支持，中国共产党是不可能夺取政权的。但是如果没有共产党，农民们显然也不可能产生革命的思想（费正清主编，1992：299）。历史是如此惊人地相似，被邓小平称为"第二次革命"的改革开放，也是以释放农民的生产能量为起点的；20世纪90年代以后在构建社会主义市场经济的过程中，更是以近两亿农民工作为支撑中国崛起、打破城乡和区域间不平衡甚至是中国社会稳定的主体力量的。显然，农村问题的解决是中国迈向现代国家的第一步。中国的革命道路和社会主义建设道路都印证了这一点。

在社会主义建设时期，选择什么样的道路，同样决定着中国的命运和党的事业的成败。"文革"时期将社会主义道路教条化、极端化、激进化，使党的事业、国家治理和社会经济的发展招致沉重打击。在这一重要历史背景下，中国到底要走什么样的道路，又摆在了全党和全国人民的面前。中国找到了适合中国国情的道路，那就是中国特色社会主义道路。2013 年习近平在新进中央委员会的委员、候补委员学习贯彻党的十八大精神研讨班上的讲话中指出："今年是邓小平同志提出建设中国特色社会主义进入 31 个年头了。邓小平同志开创了中国特色社会主义，第一次比较系统地初步回答了在中国这样经济文化比较落后的国家如何建设社会主义、如何巩固和发展社会主义的一系列基本问题，用新的思想观点，继承和发展了马克思主义，开拓了马克思主义新境界，把对社会主义的认识提高到新的科学水平。中国特色社会主义是社会主义而不是其他什么主义，科学社会主义基本原则不能丢，丢了就不是社会主义。一个国家实行什么样的主义，关键要看这个主义能否解决这个国家面临的历史性课题。历史和现实都告诉我们，只有社会主义才能救中国，只有中国特色社会主义才能发展中国，这是历史的结论、人民的选择。"（习近平，2014：22）那么，中国特色社会主义的基本原则是什么呢？概括起来说，就是在中国共产党的领导下，立足基本国情，以经济建设为中心，坚持四项基本原则，坚持改革开放，解放和发展社会生产力，建设社会主义市场经济、社会主义民主政治、社会主义先进文化、社会主义和谐社会、社会主义生态文明，促进人的全面发展，逐步实现全体人民共同富裕，建设富强民主文明和谐美丽的社会主义现代化国家。其中的每一条都是至关重要的。就拿经济原则来说，邓小平提出了"贫穷不是社会主义"的伟大命题，也提出了"两极分化也不是社会主义"这个更加伟大的命题。1993 年 9 月 16 日，邓小平在与其弟弟邓垦的谈话中就已经指出："十二亿人口怎样实现富裕，富裕起来以后财富怎样分配，这都是大问题。题目已经出来了，解决这个问题比解决发展起来的问题还困难。分配的问题大得很。我们讲要防止两极分化，实际上两极分化自然出现。要利用各种手段、各种方法、各种方案来解决这些问题。……

中国人能干，但是问题也会越来越多，越来越复杂，随时都会出现新问题。比如刚才讲的分配问题。少部分人获得那么多财富，大多数人没有，这样发展下去总有一天会出问题。分配不公，会导致两极分化，到一定时间问题就会出来。这个问题要解决。过去我们讲先发展起来。现在看，发展起来以后的问题不比不发展时少。"（中共中央文献研究室编，2011：719）1986 年 9 月 2 日邓小平在接受美国哥伦比亚广播公司"六十分钟"节目记者迈克·华莱士的采访时，曾经非常坚定地说："我们的政策是不使社会导致两极分化，就是说，不会导致富的越富，贫的越贫。坦率地说，我们不会容许产生新的资产阶级。"（邓小平，1993：172）此后，邓小平不止一次重复"中国不能产生新资产阶级"这一重要命题。对邓小平的这一系列重要判断，习近平是有深切体会的。他认为实现共同富裕是社会主义的本质要求。在十八届中央政治局常委同中外记者见面时，习近平强调要"坚定不移走共同富裕道路"。这是习近平代表新一届领导集体做出的庄严承诺。走共产党领导的道路而不走多党竞争的道路，走共同富裕的道路而不走两极分化的道路，走改革开放的道路而不走封闭僵化的老路和改旗易帜的邪路，走人民民主的道路而不走自由民主的道路，走社会团结、社会和谐的道路而不走社会分裂、社会隔绝的道路，所有这些都是国家治理中最为根本性的问题。道路走错了，再好的国家治理也必然会误入歧途。道路是对国家治理之政治属性、阶级属性和民族属性的基本规定。

三　选择制度模式的原则

有了正确的道路选择，接下来就是要构建什么样的制度体系来满足道路的需求。这就是国家治理的制度模式的选择问题了。习近平认为，推进中国治理体系和治理现代化，一个根本性的问题就是制度模式的选择问题。习近平为什么会提出这样一个重大命题呢？关键原因就是国家治理体系和治理能力现代化赖以存在的基础与前提乃是国家治理的制度框架和制度模式。一个国家选择什么样的制度模式，直接决定了它会拥有什么样的权力结构，也直接决定了它会拥有什么样的治理水平和治理质量。国家治理体系和治理能力现代化的根本问题是制度模式的选择。例如，中国以郡县制替代封建制、共和制替代君主制就是解决制度模式的选择问题。英国以君主立宪制替代王权制，日本以君主立宪制替代天皇制，法国以共和制替代绝对王权制等，都是解决国家治理现代化进程中制度模式的选择问题。当然，在推进国家治理现代化的进程中，也有一些国家的制度模式选择经历了反复、循环乃至回归传统的进程。因此，制度模式的选择对于国家治理来说是最为重要的问题。

任何一个国家，尤其是超大型的国家，制度模式的选择决定着国家治理的形态、水平和质量。选择了什么样的制度模式，就会有与之相适应的治理模式。那么，选择制度模式的原则是什么呢？这既是一个重大的理论问题，又是一个异常重要的实践问题。对此，习近平做了清楚的回答，那就是设计和发展国家政治制度，必须注重历史和现实、理论和实践、形式和内容有机统一。这三个统一，就是中国选择制度模式的基本原则。

首先，历史与现实的统一是前提。在历史与现实的统一中思考国家治理的定位问题是习近平国家治理思想的重要特色。2014 年 10 月 13 日下午，中共中央政治局进行第十八次集体学习。这一次集体学习的主题是我国历史上的国家治理。习近平在主持学习时强调，历史是人民创造的，文明也是人民创造的。对绵延 5000 多年的中华文明，我们应该多一份尊重、多一份思考。对古代的成功经验，我们要本着"择其善者而从之，其不善者而改之"的科学态度，牢记历史经验、牢记历史教训、牢记历史警示，为推进国家治理体系和治理能力现代化提供有益借鉴。意大利思想家克罗齐曾经提出一个经典命题："一切历史都是当代史。"也就是说，历史正是以当前的现实生活作为其参照系，这意味着，过去只有在和当前的视域相重合的时候，才能为人所理解。孔子说：温故而知新。历史和现实有太多的重叠。隔断历史的现实和与现实绝缘的历史都是不存在的。司马迁提出要通古今之变，说的就是这个道理。所以，习近平提出，设计和发展国家政治制度，必须注重历史和现实、理论和实践、形式和内容的有机统一。不能割断历史，不能想象突然就搬来一座政治制度上的"飞来峰"。作为对历史资源有特别亲近感的政治家，习近平对制度模式中的历史与现实的统一有非常深刻的理解，他认为，选择制度模式，要坚持从国情出发、从实际出发，既要把握长期形成的历史传承，又要把握走过的发展道路、积累的政治经验、形成的政治原则，还要把握现实要求，着眼解决现实问题，不能割断历史。只有扎根本国土壤、汲取充沛养分的制度，才最可靠，也最管用。中国近现代史上缤纷多变的制度实验和制度选择，就充分说明脱离了中国历史传统和文化基因的制度模式，与中国的现实往往是绝缘的，其失败也是不可避免的。当代中国的制度模式是历史传承和现实要求双重作用的产物。在当代中国的制度中，有的制度要素是历史传承下来的，有的制度要素是现实激发出来的。但两者的共存与结合是以历史与现实的统一作为前提的。

其次，理论与实践的统一是基础。一个国家的制度选择，最忌讳的就是成为某一理论的奴隶。所以，中国共产党特别强调马克思主义的中国化，强调马克思主义普遍真理与中国现实相结合。毛泽东思想、邓小平理论就是中国化的马克思主义，中国革命的实践和社会主义现代化建设的实践就是在中国化马克思主义的指导下诞生出来的。这就是理论与实践的统一。2013年12月3日下午，中共中央政治局第十一次集体学习的主题是历史唯物主义基本原理和方法论。2015年1月23日下午，中共中央政治局第二十次集体学习的主题是辩证唯物主义基本原理和方法论。在这两次学习中，习近平强调，在革命、建设、改革的各个历史时期，我们党运用历史唯物主义，系统、具体、历史地分析中国社会运动及其发展规律，在认识世界和改造世界过程中不断把握规律、积极运用规律，推动党和人民的事业取得了一个又一个胜利。我们党领导人民干革命、搞建设、抓改革，从来都是为了解决中国的现实问题。没有理论指导的实践是盲目的，没有实践指向的理论是空洞的。这是中国道路成功的秘诀。

最后，形式与内容的统一是关键。制度模式的选择最容易陷入形式主义的陷阱。特别是西方主导的自由、民主、宪政往往会成为后发国家竞相模仿的制度形式，而这一制度形式在欧美国家的落实都是有诸多客观条件作为前提的。橘生淮南则为橘，生于淮北则为枳。徒具某种完美形式的制度模式，往往是解决不了诸多现实问题的，因为它缺乏实质性的内容作为内核。西方式的民主制度在日本衍变为门阀政治、派系政治，在非洲成为部落政治的外衣，都说明了缺乏内容支撑的制度形式，是没有什么价值可言的。陷入形式美学的制度选择，塑造出来的不是国家治理质量的提高，而是民主转型的悲剧。受到"阿拉伯之春"影响的国家，有几个政局稳定下来了？印度独立后就效仿了西方政治制度，但它的国家治理做得很好吗？关于这一点，国际上一些有见识的政治家看得很明白。李光耀在谈到美国认为新加坡"独裁"时说，我们没有听从他们有关我们应该如何治理的建议，我们不能让别人拿我们的生活做实验。没有内容支撑的形式，是徒具其表的。对此，习近平是有深刻认识的，他在庆祝中国人民政治协商会议成立 65 周年大会上发表的重要讲话中指出："古今中外的实践都表明，保证和支持人民当家作主，通过依法选举，让人民的代表来参与国家生活和社会生活的管理是十分重要的，通过选举以外的制度和方式让人民参与国家生活和社会生活的管理也是十分重要的。"人民只有投票的权利而没有广泛参与的权利，人民只有在投票时被唤醒，投票后就进入休眠期，这样的民主是形式主义的。

四　中国制度模式的独特优势

中国制度模式的优势不是模仿的产物，而是中国独立自主的产物。中国探索制度模式的进程秉承了独立自主的精神和传统。习近平说："独立自主是中华民族的优良传统，是中国共产党、中华人民共和国立党立国的重要原则。在中国这样一个人口众多和经济文化落后的东方大国进行革命和建设的国情与使命，决定了我们只能走自己的路。"（习近平，2014：29）我们在历史和现实、理论和实践、形式和内容的有机统一中，就能清楚地看到中国制度模式的独特优势。中共十九届四中全会《中共中央关于坚持和完善中国特色社会主义制度，推进国家治理体系和治理能力现代化若干重大问题的决定》提出：我国国家制度和国家治理体系具有多方面的显著优势，主要是如下13个方面的优势：（1）坚持党的集中统一领导，坚持党的科学理论，保持政治稳定，确保国家始终沿着社会主义方向前进的显著优势；（2）坚持人民当家作主，发展人民民主，密切联系群众，紧紧依靠人民推动国家发展的显著优势；（3）坚持全面依法治国，建设社会主义法治国家，切实保障社会公平正义和人民权利的显著优势；（4）坚持全国一盘棋，调动各方面积极性，集中力量办大事的显著优势；（5）坚持各民族一律平等，铸牢中华民族共同体意识，实现共同团结奋斗、共同繁荣发展的显著优势；（6）坚持公有制为主体、多种所有制经济共同发展和按劳分配为主体、多种分配方式并存，把社会主义制度和市场经济有机结合起来，不断解放和发展社会生产力的显著优势；（7）坚持共同的理想信念、价值理念、道德观念，弘扬中华优秀传统文化、革命文化、社会主义先进文化，促进全体人民在思想上精神上紧紧团结在一起的显著优势；（8）坚持以人民为中心的发展思想，不断保障和改善民生、增进人民福祉，走共同富裕道路的显著优势；（9）坚持改革创新、与时俱进，善于自我完善、自我发展，使社会始终充满生机活力的显著优势；（10）坚持德才兼备、选贤任能，聚天下英才而用之，培养造就更多更优秀人才的显著优势；（11）坚持党指挥枪，确保人民军队绝对忠诚于党和人民，有力保障国家主权、安全、发展利益的显著优势；（12）坚持"一国两制"，保持香港、澳门长期繁荣稳定，促进祖国和平统一的显著优势；（13）坚持独立自主和对外开放相统一，积极参与全球治理，为构建人类命运共同体不断做出贡献的显著优势。这些显著优势，是我们坚定中国特色社会主义道路自信、理论自信、制度自信、文化自信的基本依据。我们对以上13个方面的优势做如下的理论解析。

第一，组织优势。中国制度的组织优势体现在两个方面，一是依靠中国共产党这一领导核心确保统一的政治秩序和政治决策，二是依靠具有包容力和吸纳力的制度安排，实现国家与社会的良性互动和积极联系。这是成熟的政治辩证法在制度体系中的体现。

首先，中国制度的组织优势体现为有一个凌驾于私人利益之上的政治组织——中国共产党。毛泽东特别关注中国共产党的领导权问题。他在《中国革命和中国共产党》一书中说："领导中国民主主义革命和中国社会主义革命这样两个伟大的革命到达彻底的完成，除了中国共产党之外，是没有任何一个别的政党（不论是资产阶级的政党或小资产阶级的政党）能够担负的。"（毛泽东，1991：652）邓小平提出的四项基本原则，最为重要的一条就是坚持共产党的领导。这已经成为后发现代化国家乃至发达国家极为羡慕的政治优势。正是这样一种领导核心的存在，使决策处于一种超脱地位，使国家治理摆脱利益集团和资本力量的肢解和分割。正如习近平所认为的，坚持党的领导，发挥社会主义制度可以集中力量办大事的优势，这是我们的最大政治优势。目前，世界范围内很多国家的治理陷入窘境和贫困，一个通病就是国家治理沦落为资本的附庸。这一现象在发达资本主义国家尤为严重。马克思和恩格斯在《共产党宣言》中将基于资本逻辑而产生的国家体系阐述得入木三分："资产阶级日甚一日地消灭生产资料、财产和人口的分散状态。它使人口密集起来，使生产资料集中起来，使财产聚集在少数人的手里。由此必然产生的结果就是政治的集中。各自独立的、几乎只有同盟关系的、各有不同利益、不同法律、不同政府、不同关税的各个地区，现在已经结合为一个拥有统一的政府、统一的法律、统一的民族阶级利益和统一的关税的统一的民族。"（马克思、恩格斯，2009：36）没有人怀疑，资本主义世界的国家是在服从资本的逻辑中构建起来的，其国家治理体系也被迫服从于资本逻辑的要求。尽管蒂利认为英国、法国最终遵循资本强制模式，把更多的精力用在直接把资本家和资本的来源吞并到其国家机构中去，资本和强制力的拥有者在相对平等的条件下相互作用。这一中间性的资本强制模式比单纯的强制密集型国家（例如俄罗斯、波兰、匈牙利等）和资本密集型国家（例如热那亚共和国、荷兰共和国等城邦国家、城市帝国、城市联盟等）的成长模式更高明，更容易建立起成熟的民族国家（查尔斯·蒂利，2007：34～35）。但是，资本高于权力、资本重于权力、资本支持权力乃是所有资本主义国家的根本特征。所以，资本主义国家的国家治理体系在其创建之初，是在资本的轨道上按照资本的逻辑孕育出来的。这一属性至今未变。马克思说："资本家作为资本的人格化在直接生产过程中取得的权威，他作为生产的领导者和统治者而担任的社会职能，同建立在奴隶生产、农奴生产等等基础上的权威，有重大的区别。"（马克思，2009：997）这种内嵌于经济过程中的国家治理比单纯依靠政治统治和神权统治更具隐蔽性。资产阶级就是借助作为天然平等派的商品颠覆了权力支配财产的传统，从而以资本的逻辑为轴心构建了完全区别于以往的国家治理体系。当资本突破民族国家边界在世界范围内驰骋时，资本精英改善本国政治制度的愿望和动力就变得严重不足了；在虚拟经济压缩实体经济的后工业时代，政治权力的根基发生了变化，资本与权力间的关系和距离也发生了改变。国内治理体系长期缺乏更新，导致国家治理体系与社会生产间的匹配失衡，并导致现代国家治理体系的失效，这种失衡和失效就是西方政治制度危机的政治经济根源。沿着资本轨道无限驰骋的国家治理必然要在资本的极度膨胀中陷入自身无法克服的危机和困境中。

其次，相对于竞争性政治生态中的否决政体和党派斗争来说，中国的制度模式有利于保持党和国家的活力以及调动广大人民群众和社会各方面的积极性、主动性、创造性。调动各方积极性的政治优势突出地体现在与人民政协和统一战线相匹配的各项制度安排中。邓小平就曾说："新时期统一战线和人民政协的任务，就是要调动一切积极因素，努力化消极因素为积极因素，团结一切可以团结的力量，同心同德，群策群力，维护和发展安定团结的政治局面，为把我国建设成为现代化的社会主义强国而奋斗。"（邓小平，1994：187）所以，习近平强调，做好人民政协工作，必须坚持大团结大联合。大团结大联合是统一战线的本质要求，是人民政协组织的重要特征。人民政协要坚持在热爱中华人民共和国、拥护中国共产党的领导、拥护社会主义事业、共同致力于实现中华民族伟大复兴的政治基础上，最大限度调动一切积极因素，团结一切可以团结的人，汇聚起共襄伟业的强大力量。中国制度模式的政治优势得益于这套制度与中国文化传统、国情特征、任务要求的吻合与匹配，也得益于中国政治家的高瞻远瞩和科学设计。

第二，结构优势。中国国家治理的结构优势主要体现在三个方面：一是党的领导、人民当家作主和依法治国有机统一的政治优势；二是政治主体之间的结构优势；三是能够集中力量办大事、全国一盘棋的制度优势。

首先，当代中国政治不是板块式、机械式、反映不同利益集团政治诉求的三权分立，也不是神高国低的政教合一政权，而是一种有机政治。政治的有机性就体现在党的领导、人民当家作主和依法治国的统一之中。有机性的捍卫与发扬则使当代中国政治文明充满活力。反之，有机性的破裂和遗忘则使当代中国政治文明陷入无序和危机中。如果没有对有机政治的体认，就将西方经验的分析框架硬套在中国，就无法解释中国的政治运作，无异于盲人摸象。

其次，中国国家治理体系所秉承的中央集权原则与集分平衡原则，都不是依靠个人意志可以改变的，它渗透在中国的文化基因和政治审美之中。中国国家治理体系的单一性传统与欧美国家国家治理体系的复合性传统之所以代表了两种不同的治国理路，其根源在于国家形成的原理和路径是迥然不同的。中国近现代历史上关于联邦制的探索之所以归于失败，乃在于它与中国文化基因是不相容的。中国在参与经济全球化的过程中，凭借单一制和中央集权所孕育出来的国家力量和国家能量，既能抗拒全球范围内利益集团对国家利益的分割，又能凭借国家力量为经济发展缔造统一性的秩序保障和制度保障。这就是中国国家治理的制度模式所显示出来的结构优势。2015 年 6 月 18 日上午，习近平在贵州召开部分省区市党委主要负责同志座谈会，在谈到强化扶贫开发工作领导责任制的时候，他指出，把中央统筹、省负总责、市（地）县抓落实的管理体制，片为重点、工作到村、扶贫到户的工作机制，党政一把手负总责的扶贫开发工作责任制，真正落到实处。中央要做好政策制定、项目规划、资金筹备、考核评价、总体运筹等工作，省级要做好目标确定、项目下达、资金投放、组织动员、检查指导等工作，市（地）县要做好进度安排、项目落地、资金使用、人力调配、推进实施等工作。这一判断实际上揭示了中国制度模式的结构优势。"中央统筹、省负总责、市县落实"的结构性安排，可以最大限度地把中国制度模式的结构性优势发挥出来，可以把中国纵向治理、层级治理的结构性优势落到实处。当然，这一优势必须与治理能力科学化的层级配置联系在一起，否则就会走向它的反面。

第三，发展优势。中国的制度模式具有"有利于解放和发展社会生产力、推动经济社会全面发展"这一显著优势。实践证明，中国的制度模式是具有强劲的发展优势的。这一发展优势是依靠市场"看得见的手"和政府"看不见的手"进行调节和激发的。所以，这一发展优势可以避免资本主义过分依赖"看不见的手"的弊端。改革开放以来，我国社会生产力获得了空前的大解放和大发展，国民经济发展已连续30余年保持接近10%的年均增长速度，特别是在世界经济剧烈动荡的情势下仍创造了高速稳定增长的奇迹，现在已跃升为世界第二大经济体。中国已经成为全球经济发展的重要引擎和推动力量。

第四，效率优势。中国的制度模式可以克服很多国家效率低下的弊端，因为中国的制度安排具有"有利于集中力量办大事、有效应对前进道路上的各种风险挑战"这一显著优势。一些国家出现的民主透支、党派争斗，使得国家治理体系被各种关注私人利益的力量所肢解。各种政治力量打着公共和程序主义的旗帜，以牺牲国家治理的效率为代价，使自己站在一个虚假的捍卫人民利益的立足点上。以公共利益之名捍卫私人利益之实，是很多国家的治理体系被肢解、被冻结、被阉割的根源所在。在这样的制度安排中，建设公共设施和克服公共危机蜕变为无休止的讨价还价，国家治理的效率也就彻底被牺牲掉了，人民期盼的公共利益也就蜕变为政治斗争的资本。相反，中国制度模式恰恰释放出独特的效率优势。邓小平曾一针见血地指出，美国的三权分立实际上就是三个政府。他认为："我们实行的就是全国人民代表大会一院制，这最符合中国实际。如果政策正确，方向正确，这种体制益处很大，很有助于国家的兴旺发达，避免很多牵扯。"（邓小平，1993：220）这一制度模式尽管面临诸多既得利益集团的分割，但其制度安排具有应对各种挑战的能力，能够最大限度地将其包容的效率优势彻底释放出来。事实证明，面对来自方方面面的挑战和考验，不断地办成大事、办好喜事、办妥难事，是新时期中国制度模式的一大亮点。特别是这些年来，中国成功战胜了非典疫情、雨雪冰冻、特大地震、特大泥石流等严重自然灾害；成功夺取了三峡工程、青藏铁路等重大工程建设，以及载人航天等重大科技项目的胜利；成功举办了北京奥运会、上海世博会、广州亚运会等国际性盛大活动；成功应对了国际金融危机对我国经济的严重冲击，率先实现经济回升向好，并在世界经济恢复中发挥着重要作用。诸如此类的"中国故事"，生动展示了中国制度独特的效率优势。诸如此类的大事，在微小国家和被私有制锁定的国家中，的确是难以办成的。

当然，新时代国家治理面临的挑战也是异常严峻的。首先，最为重要的问题就是，如何在传统文化与革命文化、先进文化的关联，政府、市场与社会的结构性安排以及中国与世界的互动中构建成熟稳健、经得起历史检验的治理思想和治理哲学，这是制度趋于定型的思想源泉。其次，国际和国内两个大局的统筹，网络空间与现实空间的协调，政治化调控与专业化治理的并进，高层、中层与基层的贯通及其各自积极性的发挥，政治信仰系统与科层动力系统的双重强化，如何克服经济、教育、社会、家庭等诸多领域中的人文性缺失，最大限度地培育具有"普适性"的人文资源，实现人文教育与政治教育的有机融合，为每一个人提供他在社会交往中的"认知工具"，把人与他人、人与家庭、人与群体、人与社会、人与国家、人与世界的关系安放在一个清晰的规则框架之中，为国家治理奠定广厚、持久的人文基础，都是对新时代国家治理的重大考验。随着近代以来的社会变迁与社会改造，特别是经过 40 多年的改革开放之后，我们在取得重大成绩的同时，也把一些矛盾累积和传递到了新时代之中。时过境迁，将治理体系和治理能力拉回到原有轨道的努力，可能与当下的情境存在很多的矛盾与冲突。唯有通过国家治理体系和治理能力的创新，才能开辟出更加灿烂的治理景观，才能开创出让整个世界都更加尊重的治理模式。

追求体系与能力的相互统一、相互促进与相互强化，是新时代国家治理现代化战略的重要特征。纵观当今世界，很多国家治理体系与治理能力的失衡甚至脱节严重制约该国的经济发展和社会安定。尤其是那些片面追求体系现代化的发展中国家，因为治理能力低弱，面对很多的社会经济问题而一筹莫展。中国共产党把体系与能力理解为国家治理的一体两面。从目前来看，中国国家治理体系的改进空间、治理能力的提升空间依然存在。特别是在新冠肺炎疫情暴发时期，体系完善与能力强化的要求还是非常迫切的。在新冠肺炎疫情的防范过程、预警过程、抗击过程中，有很多问题值得反思。抗击新冠肺炎疫情这一非常规时期的治理，是对平时常规治理体系和治理能力的全面检验。尽管中国独特的制度优势和超强的动员能力为战胜疫情奠定了坚实的基础，但这不能成为我们忽视体系的某些缺陷以及地方、基层治理能力的某些致命短板的借口。从长远来看，治理体系的完善依然任重而道远。治理能力在纵向上的科学配置，特别是地方和基层治理能力的提升依然是当务之急。更为重要的是，新冠肺炎疫情不仅是对中国国家治理的一次大考，是对治理体系科学性和治理能力有效性的一次考验，更是对国民素质和社会素养的全面检验。任何国家治理都是不能专注于政权本身的，健康有效的国家治理都是确立在健康的人格之上的，是以健康的社会作为基础的。正是从这个意义上来说，有效的国家治理是与人文社会的构建紧密联系在一起的。诚实笃信的健康人格、以爱为基础的利他人格、富有同情心的公益人格、遵纪守法的理性人格等，都是国家治理赖以立足的深层次的东西。从这个角度来说，国家要想最大限度地降低治理成本，其前提就是人人都成为积极的行动者。人人成为积极行动者恰恰是要通过人文治理和人文教育才能塑造出来。所以，如何处理政治教育和人文教育的关系，对于未来中国极为重要。

五　迈向制度自信的国家治理

自信是一个人在社会中立足的基础。同样，制度自信是一个国家的治理体系和治理能力在全球社会中立足的基础。一个没有制度自信的国家，是谈不上推动国家治理现代化的。所以，习近平指出："没有坚定的制度自信就不可能有全面深化改革的勇气，同样，离开不断改革，制度自信也不可能彻底、不可能久远。我们全面深化改革，是要使中国特色社会主义制度更好；我们说坚定制度自信，不是要固步自封，而是要不断革除体制机制弊端，让我们的制度成熟而持久。"（习近平，2014：106）

自近代以来，在部分中国人中就弥漫着一种"制度劣势"的社会心理。近代中国以张之洞为代表的"中学为体、西学为用"并没有阻挡西方制度优越论在中国的扩展。从"师夷长技以制夷"到"全盘西化"的延展，说明近代中国在西方列强的欺压之下，已经丧失了原先的制度优越感。客观而论，这一状况在当时的历史条件下，自然有其产生的土壤。但是，随着中国的崛起、中国道路的成功以及中国国际地位的提升，迈向"制度自信"的国家治理，已经为中国摆脱近代"遗产"奠定了雄厚的"资本"基础。

在很长的一段历史时期内，欧美国家的制度自信是根深蒂固的。以诺斯为代表的制度学派就认为西方的崛起得益于制度的力量。东欧剧变和苏联解体更加强化了欧美国家的制度自信。但是，我们发现，这样的制度自信日益衍化为一种"制度自大"。欧洲中心论、美国中心论就是这种制度自大的产物。欧美国家正是凭借这种制度自大在全世界推销其所谓的自由、民主的。随着金融危机的爆发，这种制度自大已经失去了赖以存在的理由，也丧失了赖以支撑的现实基础。相反，以中国为代表的国家治理日益显示出强劲的生命力和持续的有效性。

制度自信不是喊出来的，而是做出来的。也就是说，制度自信是以事实为基础的，是以国家治理的质量和绩效为前提的。中国正在迈向充满制度自信的国家治理时代，这是中国将近代以来的历史坐标和思维坐标彻底翻转过来的重要标志。

习近平认为，中国特色社会主义是由道路、理论体系、制度三位一体构成的。中国特色社会主义道路是实现途径，中国特色社会主义理论体系是行动指南，中国特色社会主义制度是根本保障（习近平，2014：11）。在现时代，迈向制度自信的国家治理已经在顶层设计上显示出它的总体面貌和基本形态。总结起来，那就是在"强领导、广协商、大统战"的格局中，构建与中国历史—社会—文化条件和经济发展水平相适应的国家治理体系。

"强领导"的核心就是坚持中国共产党的领导。坚持中国共产党的领导是国家治理体系和治理能力现代化的轴心所在。当代中国国家治理之所以能够走出古代中国国家治理治乱循环的困境，关键在于两大超越：一是组织化领导核心对个体化领导核心的超越，二是人民民主对君主传统的超越。对此，习近平是有深刻认识的，他提出的如下两大判断，是我们理解当代中国国家治理体系的基点：一是坚持党的领导，发挥社会主义制度可以集中力量办大事的优势，这是我们的最大政治优势；二是"人民群众是我们力量的源泉"，离开中国共产党，离开中国共产党与人民群众的血肉联系，就难以探析当代中国发展的奥妙。所以，"强领导"就是坚持中国共产党的领导，这是中国国家治理体系最大的政治优势所在。"强领导"是需要组织制度保障的。独具中国特色的领导小组体制、党组体制与地方党委体制、部门党委体制、机关党委体制，共同构成了加强和改善党的领导的组织制度保障。

"广协商"的本质就在于走出一条克服选举民主困境、超越选举民主衰朽的中国道路。民主的道路不是只有一条，民主的模式也不是只有一种。中国文化基因中是有商量政治的传统的。《史记·陈涉世家》中讲到陈涉起兵以后，"号令召三老、豪杰与皆来会计事"，说的就是一种古老的商量的政治或协商的政治。后来的廷议制度则是将这种政治安排制度化了。这种商量的政治，在当代中国的制度化表现就是"协商民主"。我们可以说，协商民主在中国所达到的共识程度将决定着人民民主的实现程度，协商民主在中国的实现程度将决定着社会主义民主在世界范围内的历史地位。对此，习近平的"协商民主观"是我们理解中国未来政治民主道路的一把钥匙。习近平提出：古今中外的实践都表明，保证和支持人民当家作主，通过依法选举，让人民的代表来参与国家生活和社会生活的管理是十分重要的，通过选举以外的制度和方式让人民参与国家生活和社会生活的管理也是十分重要的。人民只有投票的权利而没有广泛参与的权利，人民只有在投票时被唤醒，投票后就进入休眠期，这样的民主是形式主义的。从这个角度来说，协商民主与人民民主是并行不悖的，而且，协商民主还为人民民主找到了实现的途径和通道。在习近平的心目中，协商民主体系是国家治理体系的重要组成部分。"广协商"是极为重要的构成要素。习近平说："把推进协商民主广泛多层制度化发展作为政治体制改革的重要内容，强调在党的领导下，以经济社会发展重大问题和涉及群众切身利益的实际问题为内容，在全社会开展广泛协商，坚持协商于决策之前和决策实施之中。"（习近平，2014：82）

"大统战"的主题就是大团结、大联合。2015 年 4 月 30 日，中共中央政治局召开会议，审议通过《中国共产党统一战线工作条例（试行）》。统一战线是中国共产党革命和治国之政治智慧的集中体现。从革命统一战线、抗日民族统一战线到爱国统一战线的发展历程来看，统一战线在策略、原则和形态上的递进中，都为中国共产党凝心聚力奠定了坚实的基础。习近平国家治理思想的重要维度之一就是要实现中国共产党政治智慧在全面深化改革时期的创造性发展。2015 年 5 月 18 日至 20 日，中央统战工作会议在北京召开，习近平在讲话中对新时期的统一战线提出了新的要求，即巩固和发展最广泛的爱国统一战线，为推进"四个全面"战略布局，为实现"两个一百年"奋斗目标、实现中华民族伟大复兴的中国梦，提供广泛力量支持。从很大程度上来说，全面深化改革时期的统一战线展示了一种新的内涵、新的使命和新的形态，那就是"中华民族伟大复兴统一战线"。"中华民族伟大复兴统一战线"会成为促进政党关系、民族关系、宗教关系、阶层关系、海内外同胞关系和谐发展的指导原则，会转化为一种建设性力量。

六　结语

鲁迅先生曾说：其实地上本没有路，走的人多了，也便成了路。路是人走出来的，同理，一个国家走什么样的道路，也是这个国家开辟出来的。从这个角度来说，开辟道路的起点就特别重要。二战以后日本和韩国之所以走上这样的道路，就与二战之后形成的冷战体系密切相关。所以，日本和韩国的国家治理始终摆脱不了美国的影响。而中国国家治理走出了一条独立自主的道路。从 20 世纪 50 年代开始，中国就开始摆脱苏联模式的单向影响。这恐怕也是中国能够坚持社会主义道路而苏联陷于解体的重要原因。道路选择直接决定制度选择。印度今天所奉行的制度模式直接脱胎于甘地所确立的"非暴力不合作"的道路，日本和韩国的制度模式直接脱胎于美国的设计与左右。中国的制度选择则是独立自主的社会主义道路所决定的。从这个角度来说，中国的制度模式绝不能脱离社会主义道路的轨道，绝不能抛弃社会主义的精神与追求。此外，宏观层面的制度优势是客观存在的，也是微小国家和被私有制锁定的国家所不具备的。在未来推进国家治理现代化的进程中，如何在巩固既定优势的基础上，将宏观优势和中观优势、微观优势结合起来，将国家优势和地方优势、基层优势结合起来，将集中力量办大事的优势和认认真真办小事的优势结合起来，将决定中国制度模式整体性的生命力。这就取决于科学的、理性的、有效的、可持续性的以及将内生动力和外生动力融为一体的体系优化与能力设定。

参考文献：

奥利弗·A. 约翰逊、詹姆斯·L. 霍尔奥森，2004，《世界文明的源泉》（下卷），北京大学出版社。

巴林顿·摩尔，1987，《民主与专制的社会起源》，华夏出版社。

查尔斯·蒂利，2007，《强制、资本和欧洲国家（公元 990—1992 年）》，上海人民出版社。

邓小平，1993，《邓小平文选》（第三卷），人民出版社。

邓小平，1994，《邓小平文选》（第二卷），人民出版社。

中共中央文献研究室编，2011，《邓小平思想年编（一九七五——九九七）》，中央文献出版社。

费正清、赖肖尔，1992，《中国：传统与变革》，江苏人民出版社。

费正清主编，1992，《剑桥中华民国史》（第二部），上海人民出版社。

马克思、恩格斯，2009，《共产党宣言》，《马克思恩格斯文集》（第二卷），人民出版社。

马克思，2009，《资本论》，《马克思恩格斯文集》（第七卷），人民出版社。

毛泽东，1991，《毛泽东选集》（第二卷），人民出版社。

习近平，2014，《习近平谈治国理政》，外文出版社。

习近平，2013，《习近平答金砖国家记者问：增进同往访国人民友好感情》，《人民日报》
（海外版）3 月 21 日。

习近平，2014，《完善和发展中国特色社会主义制度，推进国家治理体系和治理能力现
代化》，人民网，2 月 18 日。

谢和耐，1995，《中国社会史》，耿昇译，江苏人民出版社。

许倬云，2009，《历史大脉络》，广西师范大学出版社。

中共中央宣传部编，2014，《习近平总书记系列重要讲话读本》，学习出版社、人民出
版社。

Road Choice and Institutional Choice：
The Foundation of State Governance

Liu Jianjun　　Deng Li

Abstract：Road choice and institutional choice referred to the fundamental issues of state governance. Road choice determines the institutional choice, and institutional choice plays a guarantee role for road choice. China's road choice is based on Marxism and establishes the socialist path with Chinese characteristics, while the organic integration of history and reality, theory and practice, form and content constitute the basic principle of institutional choice. China's institutional model has unique advantages, which are embodied in organizational advantage, structural advantage, developmental advantage and efficiency advantages. At the top design level, institutional confidence requires continuous consolidation of the o-verall pattern of "strong leadership, broad consultation and United Front". Generally speaking, China's institutional model can not be separated from the socialist road, while the optimization of the governance system and the improvement of governance capacity will demonstrate China's institutional advantages.

Keywords：State Governance；Road Choice；Institutional Choice

《地方治理评论》2019 年第 2 期
第 47～60 页
© SSAP，2020

中国政府建设的历史方位和话语发展

李瑞昌[*]

摘　要：政府是现代社会最重要的国家机构之一。70 年来，我国持续加强政府建设，逆世界反政府潮流而行动，摸索出符合自身需要的政府建设之道路。本文提出从历史方位和话语发展两个维度来理解中国政府建设。从历史方位上看，中国政府建设的原因在于中国现代化需要政府主导；从话语发展上观察，中国政府建设呈现出"贯穿一条逻辑线索、延续两条路径推进、围绕三个问题展开、面临四大建设难题"等特征。中国政府建设先后经历了广义政府建设到狭义政府建设再回归到广义政府建设的过程，从政府理念、政府治理体系和政府治理能力三个层面展开建设，在坚持"人民政府"的核心话语基础上，逐步形成了"人民满意的服务型政府"等改革话语。我国的政府建设始终立足于人民政府的本质属性，围绕政府运行机制、政府功能发展，不断丰富政府理念；通过机构改革和信息化建设，分阶段优化政府治理体系，促使政府结构不断适应经济社会发展需要；坚持转变政府职能，持续深化政府职能改革，始终加强政府的强制和信息两大核心能力建设，打造一个有为政府。

关键词：政府理念；政府治理体系；政府治理能力；政府建设

自 20 世纪后半叶始，实践界和理论界一种"政府无用论"或"政府消

---

* 李瑞昌，复旦大学国际关系与公共事务学院教授、博士生导师。

亡论"的论调甚嚣尘上，部分国家政府部门关门、负责人引咎辞职等现象频发，政府运行效率急剧下降。我国反其道而行之，自 2000 年开始提出加强政府自身建设，致力于建设人民满意的服务型政府，并逐步形成了人民政府的核心话语和政府改革话语。因此，如何理解和认清中国政府建设的历史方位和理解政府话语发展，是一个值得认真研究的课题。

一 理解中国政府建设的两个维度

所谓"历史方位"，是指一个社会、国家、政党或制度在历史发展进程中所处的具体阶段，其蕴含"发展"的逻辑主线（毛跃、宋小梅，2018）。中国政府建设的历史方位，是指中国政府建设的过去、现在以及未来。寻找历史方位是为了揭示"为什么要持续开展政府建设？"所谓"话语发展"，是指一个社会、国家、政党和个体在行动过程中提出的各种口号、言语和思想的进步状况。梳理话语发展是为了反映"建设什么样的政府？"的思路历程。历史方位和话语发展共同构成了理解历史事件和制度建设的坐标。

从历史方位来理解，中国要加强政府建设的根本原因在于中国要实现现代化，让中国人民能过上美好生活和实现中华民族伟大复兴。中国人口众多，社会经济发展底子薄，要赶超发达国家，实现现代化，需要强有力的政府主导，笃定方向，集中力量办大事。无论是工业、农业、国防和科学技术的四个现代化，还是国家治理体系和治理能力的第五个现代化，都需要政府主导。基于此，中国政府建设大体上可以分为四个时期：1949 年至 1954 年广义政府建设时期，1955 年至 1981 年中国政府建设停滞时期，1982 年至 2017 年的狭义政府建设时期，2018 年开始的党和国家治理体系和治理能力现代化时期。每个时期，中国政府建设也均有自己的机遇和挑战，既有现代化的动力也有观念滞后的阻力；每个时期，中国政府建设均有自己的特点和重点，有进步也有退步。

从话语发展来认识，中国共产党从革命时期开始，就积累了相当丰富的政府建设经验，建构起政府建设的话语体系。回顾中国政府建设历程，中国政府建设的话语发展有如下特征：贯穿一条逻辑线索、延续两条路径推进、围绕三个问题展开、面临四大建设难题。"贯穿一条逻辑线索"，是指中国政府建设经历了从广义政府建设到狭义政府建设再回归到广义政府建设的路径。所谓广义政府是指包括议会、司法、行政等在内的政权体系，狭义政府是指行政机关。从广义政府到狭义政府是西方走的一条路，但是，回到广义政府建设则是中国目前所需要走的新路。早在革命根据地时期，中国共产党就建立了人民政府（即人民政权）。1949 年中华人民共和国成立后，成立了中央人民政府，人民政府是我国政府的本质属性。"人民政府"与中华民国时期的"国民政府"既有话语的区别，更有本质的差异。

从功能角度而言，1949 年的中央人民政府并不是常说的"民意代表机关的执行机关"，而是一个"议行合一"的单一政权机构，属于广义的政府。1954 年第一届全国人民代表大会召开后，建立了作为执行机关的人民政府，属于狭义的政府。从近现代国家发展来看，由广义的政府（民意代表机关、行政机关和司法机关融合在一起）向狭义的政府转变是一个共同历程和基本规律。时至今日，一般所言的政府，多数是指行政体系或执行机关；因此，中国政府自身建设主要是行政体系建设。1978 年改革开放前的一段历史时期，中国政权建设曾经陷入混乱泥潭，整个国家发展处于停滞状态，政府建设也受到阻碍；1982 年国务院机构改革后，中国政府建设随即迎来了新的春天。自 2000 年开始，中国政府工作报告将政府自身建设作为重要任务确定下来，并通过机构改革、信息化基础设施建设等具体行动予以贯彻落实，不断推进；2013 年党的十八届三中全会提出国家治理体系和治理能力现代化，广义的政府再现；2018 年着手党和国家机构改革，明确了政府治理体系新要求，中国政府建设也进入了新时代。

"延续两条路径推进"是指中国政府建设采取机构改革和信息化建设两条路径。1982 年启动机构改革至今，先后进行 8 次机构改革，每次机构改革内容大体相同，但是，有革命性意义的有两次：一次是 1988 年，这次确立了后面 30 年机构改革的基本原则是分开，从党政分开到政企分开、政社分开等；另一次就是 2018 年，这次机构改革的基本原则是合力，要求重新整合。就信息化路径而言，自 2000 年起中国政府就开始信息化的软硬件建设，再到今天的数据开放和人工智能的应用，力图跟上政府运行现代化步伐。

"围绕三个问题展开"是指中国政府建设围绕"建设什么样的政府"（即政府理念）、"建设什么样的政府治理体系"（即政府结构）和"建设什么样的政府治理能力"（即政府角色能力）。在实际建设过程中，这三个问题是相互解决、相互推进和逐步成熟的。通过多年建设，也形成了结构完整、职责清晰的行政管理体系和功能齐全、运转协调的政权系统。

二　建设什么样的政府

"建设什么样的政府？"是叩问建国者和国家建设者的难题，也是理论家们经常思考的问题。如马克思提出建设"廉价政府"，主张节省行政成本、建设又好又节俭的政府。列宁则提出建立"廉洁政府"，主张公职人员要廉洁奉公、政府要勤俭节约。毛泽东在 1956 年也提出"商量政府"概念，归纳出政府与人民间的互动模式（即 1956 年毛泽东同工商界人士谈话的过程中，指出"我们政府的性格，你们也都摸熟了，是跟人民商量办事的，是跟工人、农民、资本家、民主党派商量办事的，可以叫它是个商量政府"）（中共中央文献研究室编，1999：178）。中国共产党的历次党代会也提出了不少政府建设的愿望，如党的五大提出了"民权政府"概念，是针对当时国民政府而提出的共产党的主张；又如党的七大，考虑当时国内局势，中国共产党提出了"联合政府""人民的政府"，试图与国民党一道建立一个归属于人民的联合政府。总体而言，早期马克思主义经典作家和建国先行者们提出的建设新政府的愿景，主要针对旧有政府的弊端，与当时历史情境和人民愿望相一致，是符合历史发展潮流的政治主张。

1949 年新中国成立，组建了中央人民政府作为新的政权机关。由于新中国成立之初，独立的民意代表机关尚未建立，中央人民政府是一个议事和执行合一的机关，遵循了马克思主义"议行合一"的制度思想。从人类政治发展历史来看，权力不分的政府存在于两个时期：一是英国《权利法案》通过之前，世界基本上是"民意代表机关与执行机关合一"的政府；二是二战后新生政权初期，也均未实行政府的"民意代表机关与执行机关分开"。根据"巴黎公社"的经验，民意代表机关与其他政权机关不分开，虽然能节约成本，保持权力内在一致性的优越性，但是人民不能有效监督政权机关和机构运行专业化水平不足的弊端依旧存在、无法避免。

随着国家解放进程的推进，地方政权的陆续建立，建设一个适合现代国家的政权体系迫在眉睫。1954 年，第一届全国人民代表大会胜利召开，全国人民代表大会及其常务委员会与中央人民政府（政务院）成为两个国家机关，随着人民法院和人民检察院的建立，国家机构系统正式确立。政务院（后改为国务院）及地方各级人民政府的建立，标志着权力分工、现代化的国家政权系统建立起来了，各类国家政权要按照分工权限承担职责功能，实现国家正常运转。

应该说，人民政府是新中国政府的本质属性。就政府的权力来源而言，1954 年后人民政府的权力来自人民，是人民通过法定程序授予的；从政府的构成来源来看，人民政府中的工作人员是来自人民的，他们都是人民中的一分子；从政府运行的监督来讲，人民政府的运行要接受人民的监督，保障人民作为国家主人的各项权利。从继承上来看，人民政府与中国共产党早期在根据地时期所倡导的政府理念是一脉相承的，是"人民的政府"的发展和提升；站在历史角度，人民政府是中国古代的"以民为本""民为水，君为舟，水可载舟，亦可覆舟"等理念的传承，也是对中华民国时期国民政府的扬弃重生。

党的八大确立了"人民政府"为中华人民共和国的行政机关的本质属性。随后，国家进入了一段摸索、混乱时期，政府建设陷入了停滞。1978年，开启了改革开放伟大历程，尤其到了党的十三大确立"党政分开"后，随后又提出"政企分开"，开始了系统性分开。到 1993 年党的十四届三中全会确定建立"社会主义市场经济体制"，国家陆续开启"政事分开"、"政资分开"和"政社分开"等改革，继续系统分开、功能分开，从而形成了系统齐全、功能完整的复杂的政权系统。

1997 年党的十五大提出建设"廉洁高效政府"，2002 年党的十六大提出建设"法治政府"，2007 年党的十七大提出建设"服务型政府"，2012 年党的十八大在"服务型政府"基础上明确提出"建设职能科学、结构优化、廉洁高效、人民满意的服务型政府"，2017 年党的十九大再次明确将建设"法治政府"、"人民满意的服务型政府"和"清廉政府"作为政府建设未来五年的目标。纵观历次党代会提出的"政府建设"目标，我们可以发现，自党的十五大开始，中国政府建设的目标在坚持"人民政府"本质属性的基础上，围绕"政府运行机制"和"政府功能发展"两个维度展开建设，其中"廉洁、高效和法治"是对政府运行机制建设提出的目标，而"人民满意、服务型政府"则是对政府功能发展提出的要求。

三　建设什么样的政府治理体系

政府的功能要借助政府结构来实现，政府的运行机制也必须落到政府结构之中。广义的政府结构是指政权组织结构，包括党政军群社企，也是政府治理的协作体系；狭义的政府结构就是政府治理体系（或行政管理体系），包括政府的各层级和各部门，是政府治理的合作体系。宏观层面上，政府结构包括纵向和横向结构，纵向结构指层级制，横向结构指部门制。我国纵向上有中央、省（自治区、直辖市）、地级市、县（市、区）、乡（镇）五级政府，保持了相对的稳定结构；而五级政府中每级政府设置多少组成部门，却是变化不定的，尤其是每五年一次的机构改革，更是政府组成部门变化的直接原因。中观层面上，每层级政府的结构定位始终是每次机构改革所要定下来的目标。微观层面上，则是每个岗位的定岗、定编和定员。从三个层面来看，在过去的几十年中，中观层次的政府结构变化最大，在实践过程中始终在探索建设什么样的政府治理体系。

从 1982 年国务院机构改革开始，至 2018 年的党和国家机构改革落地，我国先后启动了 8 次行政机构改革。从历次机构内容来看，主要涉及三个方面：机构、人员和职能。其中，机构改革内容又有三种类型：机构设置改革、机构结构调整和机构精简。机构设置改革有四次（1988、1993、1998和2018年），机构结构调整有三次（2003、2008和2018年），机构精简有三次（1982、1988和1998年），人员编制精简有四次（1982、1988、1993和1998年），职能转变有七次（1988、1993、1998、2003、2008、2013和2018年）。其中机构变化最大的一次是1982年的机构改革，减少了39个部委；人员编制精简最多的一次是1998年的机构改革，减员1.67万人，精简了47.5%，回顾历史，可以发现，前四次机构改革的重点在于精简机构和精简人员，后面三次机构改革越来越偏重机构调整。职能转变贯穿于1988年之后的历次机构改革之中。

每次机构改革内容有细微差异，但是，探索建立符合中国特色的行政管理体系始终是其不懈的追求。在历次机构改革过程中，我国先后五次提出了中国行政管理体系建设目标。1988年的机构改革提出了建立"具有中国特色的功能齐全、结构合理、运转协调、灵活高效的行政管理体系"；经过10年建设，1998年的机构改革调整为"建立办事高效、运转协调、行为规范的行政管理体系"。究其原因，我国机构改革自1988年开始提出"以转变政府职能"为机构改革重点，通过政企分开，不仅精简了机构而且精简了人员，尤其是1993年确定建立社会主义市场经济体制后，所谓功能齐全、结构合理的目标并不能适应市场经济体制的需要。市场经济本质上是法治经济，政府守法是建立法治经济的前提，因此随着依法治国战略的确立，1998年行政管理体系建设目标增加了"行为规范"这项新要求。

由于法制不够完善，到了2003年机构改革时，增加了"公正透明、廉洁高效"两项目标以强化"行为规范"的要求，提出了"形成行为规范、运转协调、公正透明、廉洁高效的行政管理体制"。也即，2003年机构改革所要建立的行政管理体系目标，既是对1998年所确定目标的发展，又是对时代迫切要求的及时回应。

一般而言，中国机构改革以十年为一个周期，这与中国政治制度中的任期制密切相关。政府五年一届，国务院总理任两届为常态。到了2008年，大幅度的机构改革又一次走向前台，并提出了"形成权责一致、分工合理、决策科学、执行顺畅、监督有力的行政管理体制"的目标。应该说，这次行政管理体系建设的目标是非常纯粹的，仅针对行政管理体系而设置目标，且首次明确了"决策、执行和监督"行政三权分开，具有重大创新性。

　　然而，这一目标在落实过程中，确实有诸多难度。首先，"行政决策权"与"党的决策权"在实践过程中难以区分，过于强调行政决策权可能会与当时的政治体制存在抵牾。其次，行政执行权与行政决策权难以区分。中国政权系统是一个多层级结构，乡镇以上地方政府均具有决策权和执行权，难以区分两权使用情况。最后，由行政机关行使监督权属于体系内部的监督，效果有限。

　　2018 年党和国家机构改革被官方认定是"系统性、整体性的重构"。中央不仅首次提出了党政机构职能体系重构目标，而且再次强调了政府治理体系再造的指向，即"积极构建系统完备、科学规范、运行高效的党和国家机构职能体系，构建起职责明确、依法行政的政府治理体系，增强政府公信力和执行力，加快建设人民满意的服务型政府"。与此同时，人大机关、政协、法院、检察院、监委、武装力量体系、群团体系等都通盘考虑，统筹安排，逐步形成职责匹配合理、系统协调运转的党和国家机构的大系统。

　　改革开放后，中国行政管理体系建设目标始终是动态发展的和延续延展的。从组织体系分化到体系中部门分工，再到行政权力内部分开，最后回归到整个行政管理体系与其他国家机构体系和党的领导体系相协调，从而建构起职责清晰、功能齐全和依法依规运行的党和国家机构体系。发展调整中的行政管理目标体系与经济体制改革、政治体制发展和社会体制优化始终是联系在一起的。如果没有社会主义市场经济体制的建立和完善，就不可能有行政管理体系中经济管理机构大幅度精简；如果没有政治体制改革的强烈诉求，就不可能有专事问责的国家监委的成立；如果没有个体化、网络化社会形态的强势出击，就不可能有各类社会组织的迅速增加，并活跃于社会治理的舞台之上。

四 建设什么样的政府治理能力

1949 年新中国成立后，中国实行了很长时间的计划经济体制。在计划经济体制下，我国政府是全能政府。所谓全能政府，并不是政府能力齐全和高超，而是政府管理的事务全面和细微。随着计划经济体制经过有计划的商品经济体制和商品经济体制走向市场经济体制，中国经济体制发生强制性变迁，也引发了中国政府的职能和结构的巨大变化，不仅结构上变瘦而且职能上变强，建立起了符合中国特色社会主义市场经济体制的政府治理能力。

政府治理能力是支撑政府职能实现的力量。明确政府职能是思考政府治理能力的前提。我国于 1988 年首次确定机构改革的关键是转变政府职能，此后的历次机构改革均确认这个关键。但是，何谓政府职能，政府职能有哪些，并没有明确的官方说法。多数研究将政府职能定义为"职责与功能"，职责即政府承担的事务，功能则是政府发挥的作用。常规政府职能转变包括政府管理权限、管理方式的转变，进而提高政府的权威性和有效性（中国行政管理学会编，2002：494）。

1988 年，实践界和理论界将当时中国政府职能分为政治职能、经济职能、文化职能等，转变职能实际上是转变政府的经济管理职能，即经济活动中政府与企业分开。到了 1992 年，党的十四大提出建立社会主义市场经济体制，其确立是实现政府职能转变的重要条件，也为职能的转变提出了新要求。十四大报告指出：加快政府职能的转变是上层建筑适应经济基础和促进经济发展的大问题，转变后的政府职能"主要是统筹规划，掌握政策，信息引导，组织协调，提供服务和检查监督"。应该说，1988 年所确定的政府职能类型是从政府承担事务的角度所划分的；1992 年所主张的转变后的政府职能则是从政府运行角度所区分的。这也反映了政府职能发展正在走向"以经济建设为中心"的新的历史时期。

1998 年第九届全国人民代表大会第一次会议通过的《关于国务院机构

改革方案》把政府职能定位为三项，即宏观调控、社会管理、公共服务。这是对政府职能的科学定位，是对传统行政思维的重大突破。到 2003 年的机构改革，政府职能调整为经济调节、市场监管、社会管理和公共服务。到 2008 年的机构改革，政府职能又改变为宏观调控、市场监管、社会管理和公共服务等。在 2018 年的党和国家机构改革中，政府职能在宏观调控、市场监管、社会管理和公共服务的基础上，增加了"环境保护"职能。纵观自 1998 年到 2018 年的 20 年政府职能发展，可以发现政府职能并不是一成不变的，而是根据经济社会发展的需要而不断调整的，始终以满足人民生活需要为皈依，突出"以人民为中心"的发展。

政府职能转变要有一定的组织保证，机构人员不调整，就会固守旧的职能不放，政府职能转变就难以有实质性的突破。同样，机构是职能的载体，职能是机构设计的依据，职能不转变，机构改革就不可能彻底展开。因此，转变政府职能是机构改革的基础，机构设置必须服从于管理职能的需要（中国行政管理学会编，2002：495）。因此，机构改革始终是以职能转变为先导的。此外，政府职能转变与政府治理能力是相互支撑的，职能变了，政府某些治理能力会弱化，另外一些治理能力也会强化，而部分增强的治理能力又会助力政府职能转变。

政府治理能力并不是静止的，而是变化的。福山认为可以从政府职能、治理能力和合法性基础等多维度去理解国家，其中治理能力（也称国家能力）由政府职能和制度能力所决定。制度能力包括：制定和实施政策以及制定法律的能力，高效管理的能力，控制渎职、腐败和行贿的能力，保持政府机关高度透明和诚信的能力以及（最重要的）执法能力（弗朗西斯·福山，2007：9）。世界银行将承诺、协作与合作列为制度的三大核心职能，认为这是规则和资源产生预期结果的必要条件（世界银行，2018：5）。马丁·洛奇等则强调"提供能力、协调能力、监管能力和分析能力"是现代国家中政府最为重要的行政能力（马丁·洛奇、凯·韦格里奇，2019）。从这些论述中可发现，从不同角度可辨识出政府不同层面、不同层次的治理能力。

　　本文认为，在众多政府治理能力之中，最根本的治理能力（可简称元治理能力）应该是强制能力和信息能力。一般而言，强制能力是一个主权国家中政府的常规能力，也是一个国家政府所必须具备的能力。法令推行、政策实施以及服务供给都要以强制力为基础。强制能力源自国家拥有暴力机器，其状况决定强制能力情况。为了实现国内秩序稳定和国家独立，现代国家由不同类型的武装力量分别负责国内和国际秩序。自 20 世纪 80 年代开始，中国政府探索建立"军队与警察"两类暴力机制分离制度，初步建立起人民军队、人民警察和人民武装警察部队。2018 年，党和国家机构改革中再一次明确"军是军、警是警"的改革原则，大力改革人民武装警察部队，落实武装力量分开制度，既加强了国内社会稳定的保障力量，又增强了维护国家安全和世界和平的能力。

　　但是，一个国家的强制能力不仅与所掌握的暴力机器强弱有关，还与法治水平有关。在现代国家中，法治是一种最基本的治理能力，也是暴力和强制力的合法使用理由。法治的基础是规则，构建规则体系（包括法律、法规和党规等）是实现法治的基础工作。规则既是政府治理社会的依据，又是民众与党和国家机关交往的准则。社会越是复杂，规则体系越是繁密且庞大；越是庞杂的规则体系，越是赋予政府超高的强制能力。

　　信息是现代政府运行的基本要素。作为现代政府治理的基础性能力，信息能力是一种复杂能力，包括信息获取、信息处理和信息服务能力。在信息技术快速发展的背景下，政府获取信息的数量大幅度增长，但信息处理和信息服务能力改变异常艰辛，因为这项能力建设不仅取决于信息技术发展和应用水平，更取决于民主发展状况。信息技术越发达，信息处理能力越强大；信息服务的支撑技术越好，信息服务系统也就越便于与服务对象互动。自 20 世纪 90 年代至今，尤其是 21 世纪以来，中国政府开展了旷日持久的信息工程建设，信息基础设施越来越完备，而且基于信息技术的行政流程不断优化，信息服务界面全方位人性化，提升了信息技术使用的广泛性，也促进了政府信息能力的建设。

五　结语

"面临四大建设难题"是指要实现 2018 年党和国家机构改革提出的系统的广义政府建设目标面临的困难。建设广义政府、形成行动的合力，是未来政府建设的目标，然而，四大难题成为中国政府建设面临的挑战。困难之一是在全球反政府浪潮的影响下，要建成"人民满意的服务型政府"有难度；困难之二是数据分析能力发展滞后，要建成"透明政府"有所顾忌；困难之三是秩序强制能力限制使用，要保障"法治政府"运行有难度；困难之四是外部环境变动带来冲击，"发展型政府"面临方向难以决断的挑战。

回顾中国政府建设和话语发展历程，中国政府从自身出发，按照分化和分开两种策略，实施系统分化和体系分工，先实行政府与企业两个系统分化，再分化出事业单位、群团组织和社会组织，展现出从减少数量到提升质量、自内向外、从体系到系统和由局部到整体的发展逻辑，不断地减少机构和人员的数量，确定合理的政府规模，提升政府运行效率，深化政府治理能力变革。然后，体系重新整合、系统再次协同起来继续向前发展。同时，中国政府的话语在坚持"人民政府"的核心话语基础上，增加了政府改革话语，如"转变政府职能""精兵简政""刀刃向内""廉洁高效的政府""服务型政府"等，描述中国政府多维度的概念越来越精准，展现中国政府形象的语言越来越丰富。

参考文献：

弗朗西斯·福山，2007，《国家构建：21 世纪的国家治理与世界秩序》，黄胜强、许铭原译，中国社会科学出版社。

马丁·洛奇、凯·韦格里奇，2019，《现代国家解决问题的能力——治理挑战与行政能力》，徐兰飞等译，中国发展出版社。

毛跃、宋小梅，2018，《中国历史方位的理论解析》，《观察与思考》第 9 期。

世界银行，2018，《2017 年世界发展报告：治理与法律》，胡光宇等译，清华大学出版社。

中共中央文献研究室编，1999，《毛泽东文集》（第七卷），人民出版社。

中国行政管理学会编，2002，《新中国行政管理简史（1949—2000）》，人民出版社。

The Historical Position and Discourse Development of Chinese Government Construction

Li Ruichang

Abstract：Government is one of the most important state institutions in modern society. In the past 70 years, China has continued to strengthen its government construction and acted against the world's anti-government trend to find a way of government construction that meets its own needs. This paper proposes to understand Chinese government construction from two dimensions of historical orientation and discourse development. From the historical perspective, the reason for the construction of Chinese government lies in the need for government leadership in China's modernization; from the perspective of discourse development, the construction of Chinese government presents the characteristics of "running through a logical clue, continuing two paths to promote, focusing on three issues, and facing four major construction problems". It has experienced the process from the construction of broad government to the construction of narrow government and then back to the construction of broad government. The construction has been carried out from three levels of government concept, government governance system and government governance capacity. Based on the core discourse of "people's government", reform discourse such as "service-oriented government satisfying people" has been gradually formed. China's government construction has always been based on the nature of the people's government, focusing on the development of government operation mechanism and government function, and constantly enriching the government concept; through institutional reform and information construction, the government governance body is optimized in stages, so as to constantly adapt the government structure to the needs of economic and social development; adhere to the transformation of government functions, continue to deepen the reform of government functions, and always strengthen the government. The construction of the two core capabilities of "compulsory" and "information" has created a promising government。

Keywords：the Idea of Government; Government Governance System; Government Governance Capacity; Government Construction

地方治理

《地方治理评论》2019 年第 2 期
第 63～84 页
© SSAP，2020

资源禀赋、制度环境与城市创新能力

——基于中国 264 个城市面板数据的实证研究

陈天祥　李缌缌[*]

摘　要： 依据资源禀赋和制度环境两大理论，构建一个较为全面的模型来探索影响城市创新能力发展和差异的原因，并以 264 个城市 2001～2016 年的面板数据为基础对该模型进行实证检验。研究结果显示：（1）资源禀赋和制度环境都是影响城市创新能力的重要因素，但经济发展对城市创新能力有显著的负向影响。（2）资源禀赋与制度环境两个因素间的交互项对城市创新能力存在影响，但政府投入、试点政策和市场作用与经济发展、自然资源、信息化程度和教育水平之间的交互项对城市创新能力存在异质性影响。（3）资源禀赋与制度环境对城市创新能力的影响存在区域差异。其中，在制度环境方面，地方政府投入对东部、中部和西部地区的城市创新能力有显著的促进作用，市场作用仅对东部地区的城市创新能力有显著的促进作用；在资源禀赋方面，教育水平对东部、东北部和中部地区的城市创新能力有促进作用，对西部地区的影响不显著，自然资源对东部和西部地区的城市创新能力有促进作用，对东北部和中部地区的影响不显著。

关键词： 资源禀赋；制度环境；城市创新能力

* 陈天祥，中山大学政治与公共事务管理学院教授、博士生导师；李缌缌，中山大学政治与公共事务管理学院硕士研究生。

关于城市创新能力影响因素的研究成果颇多，学者们主要从资源禀赋和制度环境两个方面进行探讨。然而，多数学者在考察资源禀赋对城市创新能力的影响时，主要聚焦于自然资源，而较少考虑其他资源。在制度环境方面，国内外的学者对市场作用的关注较多而对政府的关注较少。此外，一些文献所探讨的影响因素之间存在重复交叉，且多集中在国家或区域层面，鲜有涉及城市层面。基于此，本文将从资源禀赋和制度环境两个方面探讨影响城市创新的因素，构建相应的统计分析模型，利用城市面板数据进行检验，试图总结出一个完整、系统化的城市创新能力影响因素框架。

一　理论依据与研究假设

（一）资源禀赋与城市创新能力

技术创新需要投入大量资源，城市本身的资源禀赋决定了城市创新的潜力。狭义上的资源禀赋仅指自然资源，而广义上的资源禀赋会考虑更多与组织相关的因素，包括人力资源、物质资源和社会资源等。由于社会资源属于本文考察的制度环境，为避免变量的交叉重复，在这里不将社会资源纳入资源禀赋的范畴。因此，本文将资源禀赋划分为物质资源和人力资源两个方面，其中物质资源包括经济发展、信息化程度和自然资源丰裕度，而人力资源指的是一个地区的教育水平。

经济发展是影响技术创新和知识产出的重要因素。一方面，经济发展得更快的城市将更有可能主动把资金投入技术研究和开发等创新活动中；另一方面，更多的经济绩效也会吸引更多的创新要素和投资（Bulent Guloglu & R. Baris Tekin, 2012）。此前学者们的研究证明经济发展与创新绩效存在正相关关系（Josef Taalbi, 2017）。据此，本文提出研究假设 1：经济发展状况越好，城市创新能力越强。

关于自然资源禀赋对于创新的影响，学者们主要有两种观点。一种观点认为丰富的自然资源对于本地创新有挤出效应，即较多的资源储备会降低消费动力、催生懒惰和使企业家偏向于增加采购技术而非研发活动等，从而削弱了组织创新的动力（Shuai Shao & Zhongying Qi，2009；Elissaios Papyrakis，2011）。另一种观点则认为，自然资源禀赋对于创新的作用也可能是积极的，但这种作用在不同条件下（例如不同地区）呈现出异质性，资源的效用主要取决于复杂的外部因素（邵帅、杨莉莉，2010）。因此，本文提出研究假设 2：丰裕的自然资源对城市创新能力的作用在不同条件下呈现出异质性。

信息技术是知识传播和创新思维扩散的载体。一方面，信息技术的快速发展和普及可以降低获取信息所需的成本，进而降低创新成本。另一方面，信息技术还能够为人际交流提供便利，有利于创新的推广与扩散（Everett M. Rogers，1995：17 - 18）。已有研究表明，信息技术对城市创新能力有正向影响（何舜辉等，2017；马静等，2017）。因此，本文提出研究假设 3：信息化程度越高，城市创新能力越强。

现有知识的存量和流动是创新的核心，吸收知识的能力是创新绩效的决定性因素（Linus Dahlander & David M. Gann，2010）。教育可以增加吸收知识的可用性以及提升吸收知识的能力，改善知识的存量和流动，从而刺激创新活动（Stephen Roper et al.，2017）。一些学者对教育与创新之间的关系进行了实证检验，并得出教育对创新能力产生积极影响的结论（Chi Keung Marco Lau et al.，2015；高翔，2015）。因此，本文提出研究假设 4：教育水平越高，城市创新能力越强。

（二）制度环境与城市创新能力

虽然资源禀赋为创新提供了基础背景，但企业研发和商业化创新最终受到环境的影响（Lacg Glenn Thomas，1994）。制度环境既可能放大资源优势，也可能扼杀资源优势。萨克森宁通过研究 128 公路和硅谷地区的高新技术产业基地的发展，证明了制度环境对于创新发展的重要性（安纳利·萨克森宁，2000：184 - 185）。创新能力不仅取决于经济发展、劳动力素质和技术复杂程度，还取决于完备的政策体系和市场机制（Jeffrey L. Furman et al.，2002），即政府推动和市场拉动的有机结合。在市场作用方面，市场的增长及潜力决定了创新活动的速度与方向，市场需求推动了技术创新（William S. Comanor，1967；Reinhard Angelmar，1985）。在政府作用方面，有的学者运用全球多个城市的数据（倪鹏飞等，2011），也有的学者利用中国省级面板数据验证了政府对创新的重要作用（阎波等，2017）。处于制度转型时期的中国，更是面临"市场 – 政治双元性"的制度环境，即企业处于市场和政府都发挥关键作用的环境中（Yuan Li et al.，2013）。因此，本文将制度环境分为政治因素和市场因素两个方面。

1. 政治因素

从微观层面上考察政治因素对创新影响的研究较为丰富，例如政治关联（Suk Bong Choi et al.，2011；陈嘉文等，2016）、政府补贴（王德祥、李昕，2017）、政府支持行为（郑烨、吴建南，2017）和反腐败（Gang Xu & Go Yano，2017；Dang Li & Ruilong Yang，2016）对企业创新的作用。但这些研究的多样限于特定行业，只有少数的文献探讨了政府对城市创新的作用（陈潇潇、安同良，2016）。本文旨在考察微观角度的地方政府干预和宏观角度的中央政策实验所构成的政治环境对城市创新能力的作用，故将政治因素划分为地方政府投入和国家政策试点两个维度。

新经济增长理论认为，城市 R&D（研究与试验发展）经费投入是一个城市创新产出的重要影响因素。在市场机制下，由于技术创新具有外部性及其所存在的风险，作为研发主体的企业往往对 R&D 活动的投资缺乏动力，因此需要政府的政策干预来引导社会 R&D 支出和企业创新（Kenneth J. Arrow，1962）。处于转轨经济时期的中国，市场机制不健全，在自主创新领域容易出现"市场失灵"，还需要依靠政府的"帮扶之手"为企业创新提供政策激励，主要包括税收优惠、财政科技拨款和政府采购等。其中，财政科技拨款是地方政府支持研发创新活动的主要途径，对 R&D 活动的资助不仅降低了企业进行 R&D 活动的边际成本和面临的风险，还会促使企业加大对 R&D 经费的投入力度和吸引更多的风险投资，进而带动城市 R&D 经费投入的增长（Mansfield Edwin et al.，1983）。因此，本文提出研究假设 5 –

a：政府对 R&D 经费投入越多，城市创新能力越强。

为实施自主创新和建设创新型国家战略，2004 年，中央政府推出了"国家创新型城市"政策实验，2010 年进入大规模试点阶段①，截至 2016 年，全国共有 61 个城市相继获批为试点城市。那么，这些试点是否有效提升了城市创新能力？一方面，从新制度主义理论的角度来看，来自上级的压力会影响下级的认知和执行（Richard M. Walker，2006），因此中央政府颁布的创新政策会引起地方政府对创新的重视，还有可能存在"层层加码"的现象（周黎安，2014）。但另一方面，中国地方政府的官员面临多任务情境，注意力有限。国家创新型城市建设试点政策带有地方自愿试点的性质，为地方政府提供了可操作空间。此外，由于信息不对称性，在建设创新型城市的过程中，为了能向中央或上级快速释放信号以获得相关资源，地方政府易产生盲目投资等短期行为，而忽视知识产权保护等长期行为，造成一片看似"热闹"的创新假象。因此，创新型城市试点是否能真正提高城市创新能力需做实证检验。根据以上分析，本文提出研究假设 5 - b：国家创新型城市试点政策会对城市创新能力产生影响。

2. 市场因素

宏观经济学中的内生增长理论认为，市场势力和市场规模对创新活动有促进作用（Leonard K. Cheng & Elias Dinopoulos，1992），包括分摊创新的风险、通过竞争来刺激自主创新以及为创新提供多种融资渠道等。在实证方面，一些学者的研究证明了市场力量是影响研发和创新投入的主要因素（William S. Comanor，1967；Reinhard Angelmar，1985）。对于中国而言，创新活动所必需的要素投入、科技进步的加速和基础设施条件的改善都与转轨期间的市场化改革有关（樊纲等，2011），市场化程度越高，越有利于区域创新能力的提高（岳鹄、张宗益，2008；高楠等，2017）。因此，本文提

---

①　2010 年，《国家发展改革委关于推进国家创新型城市试点工作的通知》（发改高技〔2010〕30 号）、《关于印发〈关于进一步推进创新型城市试点工作的指导意见〉的通知》（国科发体〔2010〕155 号）等文件发布。

出研究假设 6：市场化程度越高，城市创新能力越强。

二　变量选取与计量模型

（一）被解释变量及数据来源

本文的被解释变量城市创新指数来源于《中国城市和产业创新力报告 2017》。该报告根据国家知识产权局发布的微观专利数据，构建了一系列刻画和测度中国创新能力的指数。它有四大优点：第一，使用专利这类创新产出端数据比 R&D 支出、研发人员数量这类创新投入端数据更加合理；第二，考察的是专利价值，而非专利数量；第三，测量的是发明专利的价值，而不是实用新型和外观设计专利的价值①；第四，使用的是微观大数据，而非宏观数据。该报告的城市创新指数数据涵盖了 2001～2016 年全国 338 个城市。本文以《2016 中国城市统计年鉴》中的全国城市行政区划为依据，选择了其中 293 个城市作为研究对象，具体包括 274 个地级市、15 个副省级城市和 4 个直辖市。随后，笔者对 2001～2016 年的面板数据中主要变量的数据缺失程度进行分析和评估，进一步剔除了部分地级市，最终获得 264 个地级及以上城市 2001～2016 年的面板数据。

（二）解释变量及数据来源

地方政府投入的测量。有关地级城市层面的政府对 R&D 投入的数据难以获得，本文参照已有研究的普遍做法，即采用它的代理变量——"地方财政科技支出②占总财政支出的比重"来测量政府的干预作用。

---

① 在中国国家知识产权局申请的专利主要包括发明专利、实用新型和外观设计三种，其中发明专利要满足实用性、新颖性和创造性三个特性，而另外两种只需要满足实用性和新颖性，因此发明专利的价值更能代表创新能力。

② 地方财政科技支出在《中国城市统计年鉴》中是公共财政预算支出中的科学技术支出项目，指的是用于科学技术方面的支出，包括科学技术管理事务、基础研究、应用研究、技术研究与开发、科技条件与服务、社会科学、科学技术普及、科技交流与合作等。

试点政策的测量。本文将"国家创新型城市"试点政策设为虚拟变量Policy，对各城市分别进行赋值，获批政策试点的城市当年及之后的Policy为1，之前为0，未获批试点的城市Policy为0。

市场作用的测量。当前较为主流的衡量指标是使用樊纲等人构建的市场化指数，但它采用的是省级层面的数据。此外，该指数由政府与市场的关系、非国有经济的发展等五大方面的指标组成，既包括了市场作用，也包括了政府作用，不能对政府与市场的作用进行很好区分。因此，借鉴非国有经济发展指标在樊纲的市场化指数（樊纲等，2003）中占有重要权重，并考虑数据的可得性和充分性，本文采用"城镇私营和个体从业人员占就业人数的比重"来测量市场的作用。

经济发展的测量。采用每年的GDP增长率（单位:%）来表示各地市的经济发展潜力。

自然资源的测量。第二产业消耗的矿产资源和能源最多，第二产业的投入水平可以较好反映自然资源的综合禀赋状况。综合考虑数据的可得性与科学性，本文采用第二产业从业人员比重（单位:%）来衡量自然资源禀赋。

信息化程度的测量。本文采用各城市每年每万人互联网用户接入数（单位：户/万人）来表示信息化程度。

教育水平的测量。本文以普通高等学校在校生人数占地区人口总数的比重（单位:%）来刻画不同地区的教育水平。

解释变量试点政策来源于2016年的文件《科技部、国家发展改革委关于印发建设创新型城市工作指引的通知》（国科发创〔2016〕370号）公布的已开展创新型城市建设试点的城市名单，其他解释变量的测量数据主要来源于《中国城市统计年鉴》和《中国区域经济统计年鉴》，并通过各省统计年鉴、各市的国民经济和社会发展统计公报、政府工作报告进行补充。对极少部分缺失数据采用均值填补法进行填补。

（三）控制变量及数据来源

本文采用的控制变量是人口规模、对外开放程度和产业结构。我们用全市年末总人口数（单位：万人）来测量人口规模，采用各城市当年实际利用外资金额（单位：万美元）来测量对外开放程度，采用第三产业的产出占 GDP 的比例来测量产业结构，数据来源与解释变量的来源一致。

（四）数据处理说明

首先，本文对除虚拟变量外的所有研究变量都进行了对数化处理。其次，为避免模型出现伪回归和设定偏差，在进行回归估计前，综合采用适用于短面板的 HT 和 IPS 检验进行面板单位根检验（陈强编著，2014：423～429）。面板数据的单位根检验结果表明，所有变量都在 1% 的显著性水平下拒绝存在面板单位根的原假设，说明各变量具备一定的平稳性。另外，本文还采用了经典 Hausman 检验和基于 Bootstrap 的 Hausman 检验以确定自变量与因变量之间关系为固定效应模型还是随机效应模型。两种检验办法的检验结果均拒绝原假设（Prob > chi2 = 0.000），说明固定效应模型优于随机效应模型。因此，本文以固定效应模型作为回归的基本方法。固定效应模型又分为个体固定效应、时间固定效应和双向固定效应三种模型（陈强编著，2014：268～271）。由于本文选取的 2001～2016 年 264 个地级及以上城市的面板数据属于个体较多而时间跨度较小的宽 N 短 T 型数据，且个体与时间样本不从较大样本中随机选出，故更适宜建立个体固定效应模型。同时，再结合各变量的显著性、拟合度等指标进行综合考虑后，笔者发现个体固定效应模型相对于其他两个效应模型也更为有效，这与中国区域广阔、地级城市之间存在较大差异的基本国情相符合。最后，本文采用了将解释变量滞后一期和两期以及改变样本范围两种方法来进行稳健性检验，结果显示有较好的稳健性。所有的数据分析皆采用 Stata 14.0 软件完成。

（五）计量模型

参照一些采用面板数据进行的相关研究（詹晶、吴晓芳，2018；黄赜琳等，2013）以及部分关于城市创新方面的研究（阎波等，2017；熊波、金丽雯，2019），本文构建如下计量经济模型：

$$Innovation_{it} = \alpha_{it} + \beta_1 Gov\_RD_{it} + \beta_2 Policy_{it} + \beta_3 Market_{it} + \beta_4 Add\_GDP_{it}$$

$$+ \beta_5 Nat\_resource_{it} + \beta_6 Internet_{it} + \beta_7 Education_{it}$$

$$+ \beta_8 Population_{it} + \beta_9 Thi\_industry_{it} + \beta_{10} FDI_{it} + \mu_{it} + \varepsilon_{it}$$

$$i = 1, 2, 3, \cdots, 264; t = 2001, 2002, 2003, \cdots, 2016$$

其中，$Innovation_{it}$ 为被解释变量（城市创新能力），α_{it} 为常数项，β_1，$\cdots$，β_{10} 是各解释变量对应的系数，Gov_RD 代表的是主要解释变量地方政府投入，$Policy$ 代表的是主要解释变量国家试点政策，$Market$ 代表的是主要解释变量市场作用，Add_GDP 代表的是主要解释变量经济发展，$Nat\_resource$ 代表的是主要解释变量自然资源，$Internet$ 代表的是主要解释变量信息化程度，$Education$ 代表的是主要解释变量教育水平，$Population$ 代表的是控制变量人口规模，FDI 代表的是控制变量对外开放程度，$Thi\_industry$ 代表的是控制变量产业结构。i 代表 264 个地级及以上城市，t 代表从 2001 年到 2016 年的 16 个年份，μ_{it} 是个体固定效应（地级及以上城市），ε_{it} 是其他可能在模型中产生作用但未被识别的部分，假设此部分是随机产生的。

三　实证分析

（一）数据描述性统计

表 1 是主要变量的描述性统计，每个变量均有 4224 个观测数据。由于所有变量（虚拟变量除外）都进行了对数化处理，所以某些数据将会出现负值的情况。不难发现，样本城市的创新能力存在显著差异，其解释变量之间的差异也十分明显。另外，为了克服变量之间的强相关性，并确定模型中的相关系数的估计值有无失真或错误的情况出现，我们对回归后的所有解释变量进行了多重共线性检验。由表 1 的 VIF（方差膨胀因子）一列可知，由于最大的 VIF 值为 2.730，所有解释变量的 VIF 值均小于 10，表明各变量之间不存在多重共线性问题。

表 1　主要变量的描述性统计

变量名	观测值	平均值	标准差	最小值	最大值	VIF
城市创新	4224	−0.173	0.821	−2.290	3.026	—
政府投入	4224	−0.164	0.429	−1.951	1.316	1.780
试点政策	4224	0.089	0.285	0	1	1.360
市场作用	4224	1.593	0.181	0.150	1.976	1.160
经济发展	4224	1.044	0.201	−1	1.576	1.090
自然资源	4224	1.622	0.146	0.870	1.926	1.350
信息化程度	4224	2.784	0.516	−0.219	4.564	2.730
教育水平	4224	−0.171	0.557	−2.534	1.118	1.760
人口规模	4224	2.562	0.281	1.608	3.530	1.360
对外开放程度	4224	4.109	0.850	1	6.489	2.550
产业结构	4224	1.556	0.099	0.966	1.904	1.410

（二）整体回归结果分析

表 2 的模型（1）考察的是制度环境对城市创新的影响，结果显示，政府投入、试点政策和市场作用皆对城市创新有促进作用，且都在 1% 的水平上显著，验证了研究假设 5 - a、5 - b 和 6。模型（2）考察的是资源禀赋方面的变量，结果显示自然资源、信息化程度和教育水平三个变量都对城市创新有促进作用，并且都在 1% 的水平上显著，证明了研究假设 2、3 和 4。

值得一提的是，在模型（3）中，经济发展这一变量对城市创新能力的影响的估计结果与研究假设 1 不一致，其对城市创新能力的影响呈现出显著的负向作用，原因在于我国的经济增长方式以粗放型为主，主要靠规模扩张和要素驱动，技术进步对经济增长贡献率低（刘国光、李京文主编，2001：42 ~ 43；吴敬琏，2013：123 ~ 130）。在此宏观经济环境之下，以自主研发来获取技术进步的成本很高，作为创新主体的企业自然会选择增加要素投入来实现经济增长而非技术进步（林毅夫、苏剑，2007），由此阻碍了创新。

模型（3）加入了制度环境方面的所有变量、资源禀赋方面的所有变量以及所有控制变量，其结果与前两个模型的结果基本一致，从侧面证明了模型的结果比较稳定。

表 2　城市创新能力影响因素的地级及以上城市面板数据分析

模型			(1)	(2)	(3)
因变量			城市创新	城市创新	城市创新
自变量	制度环境	政府投入	0.474 *** (13.991)	—	0.274 *** (10.477)
		试点政策	0.327 *** (8.633)	—	0.308 *** (10.337)
		市场作用	0.583 *** (7.083)	—	0.215 *** (3.577)
	资源禀赋	经济发展	—	-0.317 *** (-7.183)	-0.287 *** (-7.397)
		自然资源	—	0.581 *** (5.353)	0.507 *** (5.256)
		信息化程度	—	0.708 *** (19.288)	0.589 *** (17.744)
		教育水平	—	0.093 *** (3.282)	0.088 *** (3.445)
控制变量		人口规模	3.683 *** (5.314)	4.236 *** (7.143)	2.844 *** (6.065)
		对外开放程度	0.295 *** (11.122)	0.138 *** (6.382)	0.080 *** (4.334)
		产业结构	2.108 *** (9.515)	1.370 *** (6.727)	1.160 *** (6.547)
常数项			-14.981 *** (-9.004)	-16.289 *** (-11.628)	-12.063 *** (-10.782)
个体固定效应			是	是	是
N			4224	4224	4224
R - sq			0.667	0.750	0.795

注：* 、** 、*** 分别代表 10% 、5% 、1% 的显著性水平；括号内为 t 统计值。

（三）制度环境与资源禀赋的交互作用分析

制度环境与资源禀赋之间可能相互影响。一方面，资源禀赋对制度的发展路径和质量可能有重要的影响，另一方面，制度也可能会影响资源禀赋，即制度影响积累物质和人力资源的动力、利用方式和有效配置（张景华，2008）。因此，有必要将二者结合起来，引入两方面变量的交乘项，对二者的交互作用是否对城市创新能力产生影响进行分析。

表 3 分别考察了政府投入与经济发展、自然资源、信息化程度、教育水平等变量的交互效应。在模型（1）中，政府投入与经济发展的交乘项估计系数为负，且在 1% 的水平上显著，这表明经济增长越快，越会降低政府投入对城市创新能力的促进效应，而经济增长较慢的城市，政府投入对于城市创新能力的影响会更强。在模型（2）中，政府投入与自然资源的交乘项估计系数为正，且在 1% 的水平上显著，这表明与自然资源较少的城市相比，政府投入对于自然资源更为丰裕的城市的创新能力影响更大。在模型（3）中，政府投入与信息化程度的交乘项估计系数为正，且在 1% 的水平上显著，这表明与信息化程度更低的城市相比，政府投入对信息化程度较高的城市的创新能力的影响更大。在模型（4）中，政府投入与教育水平的交乘项估计系数为正，且在 1% 的水平上显著，这表明与教育水平相对落后的城市相比，政府投入对教育水平较高城市的创新能力的影响更大。

表 3　政府投入与资源禀赋的交互作用

模型	（1）	（2）	（3）	（4）
政府投入	0.801 *** (6.637)	−1.010 *** (−3.961)	−0.736 *** (−5.068)	0.290 *** (11.283)
政府投入×经济发展	−0.494 *** (−4.832)	—	—	—
政府投入×自然资源	—	0.785 *** (5.07)	—	—
政府投入×信息化程度	—	—	0.369 *** (7.169)	—

续表

模型	（1）	（2）	（3）	（4）
政府投入 × 教育水平	—	—	—	0.125 ***
				（3.181）
控制变量	是	是	是	是
常数项	− 11.613 ***	− 12.284 ***	− 11.088 ***	− 11.856 ***
	（ − 10.397）	（ − 11.434）	（ − 12.092）	（ − 10.968）
个体固定效应	是	是	是	是
N	4224	4224	4224	4224
R − sq	0.800	0.802	0.814	0.798

注：* 、** 、*** 分别代表10% 、5% 、1% 的显著性水平；括号内为 t 统计值；本表所有模型的控制变量均包括试点政策、市场作用、经济发展、自然资源、信息化程度、教育水平、人口规模、对外开放程度、产业结构。

表4 分别考察了试点政策与经济发展、自然资源、信息化程度和教育水平等变量的交互效应。在模型（1）中，试点政策与经济发展的交乘项估计系数为负，且在1% 的水平上显著，这表明与经济增长速度更快的城市相比，试点政策对经济增长更慢的城市的创新能力的影响更大。在模型（2）中，试点政策与自然资源的交乘项估计系数为正，但未通过显著性检验，这表明二者间不存在交互作用。这可能受到两个方面的因素影响：一方面，国家创新型城市试点政策相关文件未涉及对自然资源开发方面的硬性要求，因此，具有理性经济人特征的地方政府在争建创新型城市时会率先完成考核中列出的重要且有明确指标的任务，而忽视对自然资源的关注；另一方面，自然资源作为一个城市长期拥有的自然禀赋，在短期内很难被试点政策所改变。在模型（3）中，试点政策与信息化程度的交乘项估计系数为正，且在10% 的水平上显著，这表明与信息化程度较低的城市相比，试点政策对信息化程度较高的城市的创新能力的影响更大。在模型（4）中，试点政策与教育水平的交乘项估计系数为负，且在10% 的水平上显著，这表明与教育水平相对更低的城市相比，试点政策对教育水平较高的城市的创新能力的影响更小。

表4　试点政策与资源禀赋的交互作用

模型	（1）	（2）	（3）	（4）
试点政策	0.798 ***	− 0.178	− 0.221	0.336 ***
	（4.57）	（− 0.458）	（− 0.732）	（9.664）
试点政策 × 经济发展	− 0.489 ***	—	—	—
	（− 3.029）			
试点政策 × 自然资源	—	0.288	—	—
		（1.249）		
试点政策 × 信息化程度	—	—	0.157 *	—
			（1.737）	
试点政策 × 教育水平	—	—	—	− 0.062 *
				（− 1.726）
控制变量	是	是	是	是
_cons	− 12.070 ***	− 12.096 ***	− 11.918 ***	− 12.091 ***
	（− 10.827）	（− 10.820）	（− 10.680）	（− 10.772）
个体固定效应	是	是	是	是
N	4224	4224	4224	4224
R − sq	0.797	0.796	0.796	0.796

注：*、**、*** 分别代表 10%、5%、1% 的显著性水平；括号内为 t 统计值；本表所有模型的控制变量均包括政府投入、市场作用、经济发展、自然资源、信息化程度、教育水平、人口规模、对外开放程度、产业结构。

表 5 分别考察了市场作用与经济发展、自然资源、信息化程度、教育水平等变量的交互效应。在模型（1）中，市场作用与经济发展的交乘项估计系数为负，且在 1% 的水平上显著，这表明经济增长越快，越会降低市场作用对城市创新能力的促进效应，而经济增长较慢的城市，市场作用对城市创新能力的促进作用会更强。在模型（2）中，市场作用与自然资源的交乘项估计系数为正，且在 1% 的水平上显著，这表明与自然资源较少的城市相比，市场作用对自然资源更为丰裕的城市的创新能力影响更大。在模型（3）中，市场作用与信息化程度的交乘项估计系数为正，且在 1% 的水平上显著，这表明与信息化程度较低的城市相比，市场作用对信息化程度较高的城市的创新能力的影响更大。在模型（4）中，市场作用与教育水平的交

乘项估计系数为正，但未通过显著性检验，这表明二者间不存在交互作用。这可能是由于教育是一项准公共物品，其投资具有长期性和连续性，所产生的回报和收益具有时滞性和多样性。此外，我国教育的发展主要由政府主导，使市场与教育水平的交互作用不显著。

表 5　市场作用与资源禀赋的交互作用

模型	（1）	（2）	（3）	（4）
市场作用	0.702 *** (3.834)	− 2.372 *** （− 5.656）	− 1.138 *** （− 4.287）	0.240 *** (3.972)
市场作用 × 经济发展	− 0.490 *** （− 2.992）	—	—	—
市场作用 × 自然资源	—	1.625 *** (6.17)	—	—
市场作用 × 信息化程度	—	—	0.512 *** (5.213)	—
市场作用 × 教育水平	—	—	—	0.086 (0.988)
控制变量	是	是	是	是
常数项	− 12.803 *** （− 11.290）	− 7.951 *** （− 5.956）	− 9.840 *** （− 8.148）	− 12.084 *** （− 10.788）
个体固定效应	是	是	是	是
N	4224	4224	4224	4224
R − sq	0.796	0.800	0.801	0.796

注：* 、** 、*** 分别代表 10% 、5% 、1% 的显著性水平；括号内为 t 统计值；本表所有模型的控制变量均包括政府投入、试点政策、经济发展、自然资源、信息化程度、教育水平、人口规模、对外开放程度、产业结构。

（四）从地区维度分析

我国幅员辽阔，各地情况千差万别。针对这一情况，本文试图探索制度环境和资源禀赋对于城市创新能力的影响是否存在地区差异。依据国家统计局的标准，将样本中 264 个城市按照东部、东北部、中部和西部四个地区进行划分。东部地区包括北京、天津、河北、上海、江苏、浙江、福建、山东、广东和海南 10 个省（市）；东北部地区包括辽宁、吉林和黑龙江 3 个省；中部地区包括山西、安徽、江西、河南、湖北和湖南 6 个省；西部地区包括内蒙古、广西、重庆、四川、贵州、云南、西藏、陕西、甘肃、青海、宁夏和新疆 12 个省（区、市）。本文将原样本数据分割成四个分面板数据，采用固定效应模型进行回归估计（受篇幅限制省略统计分析数据表）。结果显示，制度环境和资源禀赋对城市创新能力的影响在四大地区中呈现出相似性，但也存在一些差异。

在制度环境方面，政府投入对东部、中部和西部地区的城市创新能力都有非常显著的促进作用，而对东北部地区的促进作用较小，仅在 10% 的水平上显著，这可能与该地区长期存在的结构固化有关。同时，东北三省对社会 R&D 活动的投入不够，如 2014 年其研发投入占 GDP 的比例均低于全国平均水平（李政，2015），而且政策利好与资源投入还存在国有企业指向（刘柏，2015）。试点政策对四大地区的城市创新能力都有比较显著的促进作用，没有呈现出明显区域差异。市场作用变量仅对东部地区的城市创新能力有显著的促进作用，这可能是因为东北部、中部和西部地区的市场发育相对滞后，市场作用难以充分发挥。因此，结合政府投入和市场作用对城市创新能力影响的地区回归估计结果，本文将四个地区划分为三个类型（见图 1）：政府投入与市场作用的影响均强（东部地区）；政府投入的影响强，市场作用的影响弱（中部地区、西部地区）；政府投入与市场作用的影响皆弱（东北部地区）。

在资源禀赋方面，经济发展对四大地区的城市创新能力具有显著的阻碍作用。自然资源对东部和西部地区的城市创新能力有促进作用，但对东北部和中部地区的作用没有通过显著性检验，且对东北部地区呈现负向的作用，这很可能是因为东北部和中部地区的历史条件、自然资源等综合因素的长期作用而形成了路径依赖和结构锁定，对资源型产业依赖较大，导致二者现有产业向创新驱动发展转型的压力较大，创新进展艰难（徐康宁、韩剑，2005；陈耀、陈钰，2012）。尤其是东北部地区是传统老工业基地，重化工业占比过高，国有企业的垄断地位也导致了技术创新的动力不足

（赵儒煜、王媛玉，2017）。信息化水平对四大地区的城市创新能力都有显著的促进作用。教育水平对东部、东北部和中部地区的城市创新能力有促进作用，而西部地区除外。这可能是由于西部地区的教育发展相对滞后，教育水平对城市创新能力的影响不显著。

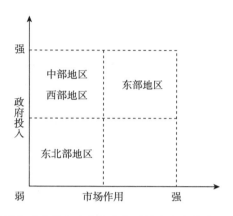

图1   四大地区按政府投入和市场作用对城市创新能力影响程度的分类

四   研究结论与讨论

本文将资源禀赋和制度环境两个方面的影响变量纳入一个分析框架，通过使用中国264个城市2001～2016年的面板数据对假设进行了检验，结果表明，制度环境是影响城市创新能力的重要因素，地方政府投入、国家试点政策和市场作用都对城市创新能力有显著的促进作用。资源禀赋也是影响城市创新能力的重要因素，自然资源、信息化程度和教育水平都对城市创新能力有显著的促进作用，而经济发展对城市创新能力则有显著的负向影响，说明高速发展的粗放型经济不利于城市创新，也说明丰裕的创新资源可能既不是诅咒也不是福音，关键在于资源的获取和利用方式及其面临的制度环境。

制度环境和资源禀赋两个方面变量之间的交互作用对城市创新能力存在异质性影响。一方面，资源禀赋对制度的发展路径和质量有重要的影响，另一方面，制度也会影响资源禀赋，即制度影响积累物质和人力资源的动力、利用方式和有效配置（张景华，2008）。此外，制度环境与资源禀赋两个方面的因素对城市创新能力的影响存在区域相似性与差异性。地方政府投入与市场作用在不同地区呈现不同程度上的影响差异，影响最明显的是东部地区，影响最弱的是东北部地区。

研究结论表明，欲提升城市的创新能力，要善于发挥政府与市场的双元作用。一方面，要调整政府在城市创新活动中的定位，明确政府的作用是引导而非主导，大力优化创新环境，适当减少直接补贴这种输血型的创新资源投入，增加结果导向的激励性政策，辅之以合理的政府采购和投资基金等多元化的支持方式。同时，要总结经验，科学推进国家创新型城市试点政策实验。另一方面，要充分发挥市场的作用，完善市场运行的法律制度环境，尤其是要推动由专利制度、商标制度和版权制度所构成的知识产权保护体系的逐步完善，建立公正平等的市场准入机制，减少行政垄断，创造不同市场主体公平地获取创新资源的竞争环境。此外，要加快信息化建设步伐，加强对网络安全保障、网络法律法规、投融资支持和诚信体系等方面的建设，持续加大对教育事业的投入力度，为城市创新提供丰裕的人才资源。

参考文献：

安纳利·萨克森宁，2000，《地区优势：硅谷和 128 公路地区的文化与竞争》，曹蓬等译，上海远东出版社。

陈嘉文、姚小涛、李鹏飞，2016，《中国情景下政治关联、创新过程与创新绩效的关系研究》，《软科学》第 9 期。

陈强编著，2014，《高级计量经济学及 Stata 应用》，高等教育出版社。

陈潇潇、安同良，2016，《基于地方政府视角的创新型城市建设比较及启示》，《经济问题探索》第 8 期。

陈耀、陈钰，2012，《资源禀赋、区位条件与区域经济发展》，《经济管理》第 2 期。

樊纲、王小鲁、马光荣，2011，《中国市场化进程对经济增长的贡献》，《经济研究》第

9 期。

樊纲、王小鲁、张立文、朱恒鹏，2003，《中国各地区市场化相对进程报告》，《经济研
    究》第 3 期。

高楠、于文超、梁平汉，2017，《市场、法制环境与区域创新活动》，《科研管理》第
    2 期。

高翔，2015，《城市规模、人力资本与中国城市创新能力》，《社会科学》第 3 期。

何舜辉、杜德斌、焦美琪、林宇，2017，《中国地级以上城市创新能力的时空格局演变
    及影响因素分析》，《地理科学》第 7 期。

黄赜琳、陈硕、傅冬绵，2013，《中国土地财政的影响因素与区域差异特征——基于省
    际面板数据的实证研究》，《经济管理》第 6 期。

李政，2015，《当前东北地区经济增长问题成因与创新转型对策》，《经济纵横》第 7 期。

林毅夫、苏剑，2007，《论我国经济增长方式的转换》，《管理世界》第 11 期。

刘柏，2015，《对东北经济衰退的深度解读》，《人民论坛》第 24 期。

刘国光、李京文主编，2001，《中国经济大转变：经济增长方式转变的综合研究》，广东
    人民出版社。

马静、邓宏兵、蔡爱新，2017，《中国城市创新产出空间格局及影响因素——来自 285
    个城市面板数据的检验》，《科学学与科学技术管理》第 10 期。

倪鹏飞、白晶、杨旭，2011，《城市创新系统的关键因素及其影响机制——基于全球 436
    个城市数据的结构化方程模型》，《中国工业经济》第 2 期。

邵帅、杨莉莉，2010，《自然资源丰裕、资源产业依赖与中国区域经济增长》，《管理世
    界》第 9 期。

王德祥、李昕，2017，《政府补贴、政治关联与企业创新投入》，《财政研究》第 8 期。

吴敬琏，2013，《中国增长模式抉择》，上海远东出版社。

熊波、金丽雯，2019，《国家高新区提高了城市创新力吗》，《科技进步与对策》第 4 期。

徐康宁、韩剑，2005，《中国区域经济的“资源诅咒”效应：地区差距的另一种解释》，
    《经济学家》第 6 期。

阎波、刘佳、刘张立、吴建南，2017，《绩效问责是否促进了区域创新？——来自中国
    省际面板数据的证据》，《科研管理》第 2 期。

岳鹄、张宗益，2008，《R&D 投入、创新环境与区域创新能力关系研究：1997～2006》，
    《当代经济科学》第 6 期。

詹晶、吴晓芳，2018，《互联网对我国中西部出口规模的影响——基于面板数据回归模型》，《南华大学学报》（社会科学版）第 2 期。

张景华，2008，《自然资源、经济增长与创新三者的关系分析》，《当代经济科学》第 6 期。

赵儒煜、王媛玉，2017，《东北经济频发衰退的原因探析——从"产业缺位"到"体制固化"的嬗变》，《社会科学战线》第 2 期。

郑烨、吴建南，2017，《政府支持行为何以促进中小企业创新绩效？——一项基于扎根理论的多案例研究》，《科学学与科学技术管理》第 10 期。

周黎安，2014，《行政发包制》，《社会》第 6 期。

Reinhard Angelmar, 1985, "Market Structure and Research Intensity in High-technological-opportunity Industries", *The Journal of Industrial Economics*, (1).

Kenneth J. Arrow, 1962, "The Economic Implications of Learning by Doing", *Review of Economic Studies*, (2).

Leonard K. Cheng, Elias Dinopoulos, 1992, "Schumpeterian Growth and International Business Cycles", *The American Economic Review*, (2).

Suk Bong Choi, Soo Hee Lee, Christopher Williams, 2011, "Ownership and Firm Innovation in a Transition Economy: Evidence from China", *Research Policy*, (3).

William S. Comanor, 1967, "Market Structure, Product Differentiation, and Industrial Research", *The Quarterly Journal of Economics*, (4).

Linus Dahlander, David M. Gann, 2010, "How Open Is Innovation?", *Research Policy*, (6).

Dang Li, Ruilong Yang, 2016, "Anti-corruption, Marketisation and Firm Behaviours: Evidence from Firm Innovation in China", *Economic and Political Studies*, (1).

Jeffrey L. Furman, Michael E. Porter, Scott Stern, 2002, "The Determinants of National Innovative Capacity", *Research Policy*, (6).

Bulent Guloglu, R. Baris Tekin, 2012, "A Panel Causality Analysis of the Relationship among Research and Development, Innovation, and Economic Growth in High-Income OECD Countries", *Eurasian Economic Review*, (1).

Chi Keung Marco Lau, Fu Steve Yang, Zhe Zhang, Vincent K. K. Leung, 2015, "Determinants of Innovative Activities: Evidence from Europe and Central Asia Region", *The Singapore Economic Review*, (1).

Yuan Li, Mike W. Peng, Craig D. Macaulay, 2013, "Market-political Ambidexterity during Institutional Transitions", *Strategic Organization*, (2).

Mansfield Edwin, Romeo Anthony, Switzer Lorne, 1983, "R&D Price Indexes and Real R&D Expenditures in the United States", *Research Policy*, (2).

Elissaios Papyrakis, 2011, "Resource Windfalls, Innovation, and Growth", *Journal of Economic Policy Reform*, (4).

Everett M. Rogers, 1995, *Diffusion of Innovations*, New York: Free Press.

Stephen Roper, James H. Love, Karen Bonner, 2017, "Firms' Knowledge Search and Local Knowledge Externalities in Innovation Performance", *Research Policy*, (1).

Shuai Shao and Zhongying Qi, 2009, "Energy Exploitation and Economic Growth in Western China: An Emprical Analysis Based on the Resource Curse Hypothesis", *Frontiers of Economics in China*, (1).

Josef Taalbi, 2017, "What Drives Innovation? Evidence from Economic History", *Research Policy*, (8).

Lacg Glenn Thomas, 1994, "Implicit Industrial Policy: The Triumph of Britain and the Failure of France in Global Pharmaceuticals", *Industrial and Corporate Change*, (2).

Richard M. Walker, 2006, "Innovation Type and Diffusion: An Empirical Analysis of Local Government", *Public Administration*, (2).

Gang Xu, Go Yano, 2017, "How Does Anti-corruption Affect Corporate Innovation? Evidence from Recent Anti-corruption Efforts in China", *Journal of Comparative Economics*, (3).

Resource Endowment, Institutional Environment and Urban Innovation Capability

—An Empirical Study Based on Panel Data of 264 Cities in China

Chen Tianxiang　Li Sisi

Abstract: Based on two theories of resource endowment and institutional environment, this paper attempts to explore the reasons that affect the development and alienation of urban innovation capabilities, and to use the panel data covering 264 cities from 2001 to 2016 to test the model. The empirical results show that:

（1）Resource endowment and institutional environment are important aspects that affect urban innovation capabilities, while economic growth has a significant negative impact on urban innovation capabilities. （2）The interaction between the two aspects of institutional environment and resource endowment has an impact on urban innovation capabilities. However, the interactions between the aspects of local government investment, national pilot policies and market factors aspects of economic growth, natural resource, informatization and education level factors respectively have heterogeneous impacts on urban innovation capabilities. （3）There are regional differences in the impact of resource endowment and institutional environment on urban innovation capabilities. In terms of institutional environment, local government investment has promoted urban innovation capabilities in the eastern, central and western regions, but the impact on the northeast region is less significant; the market mainly plays a significant role in promoting urban innovation capabilities in the eastern region, while the impact on the other three regions is not significant. In terms of resource endowment, the level of education has a positive effect on urban innovation capabilities in the eastern, northeast and central regions, but has relatively less impact on the western region; the natural resource has a positive effect on urban innovation capabilities in the eastern and western regions, while the impact on the northeast and central regions is less significant.

　　Keywords：Resource Endowment；Institutional Environment；Urban Innovation Capability

《地方治理评论》2019 年第 2 期
第 85～99 页
© SSAP，2020

美国地方政府的非政党型选举实践

何俊志*

摘　要： 主流的民主和政党理论都认为，现代政党是民主的支撑，没有政党的现代民主难以想象。但是，进步主义改革以来的美国地方政府的选举改革和实践表明，非政党型选举已经是美国地方政府选举实践中的常态现象。通过梳理美国国内学术界关于非政党型选举实践的研究成果并结合最新数据可以发现：在经验意义上，非政党型选举制度的扩散，构成了美国地方政治中的一道重要景观，而且展示出一种与政党主导型选举风格迥异的选举机制；在规范意义上，一定范围以内的非政党型选举在理论上具有可能性，在美国政治现实中也经常存在。只有在认识到美国地方政府存在的非政党型选举之后，才能揭示美国选举和政党政治的全貌。

关键词： 非政党型选举；地方政府；美国

一　导论

当代政治理论中两个有关联的命题是：政党创造民主和民主创造政党。韦尔甚至认为，当代国家的政治如果并非政党政治是很难想象的（艾伦·韦尔，2011：7）。但是，或许会令韦尔感到尴尬的是，当代世界上确实有

---

*　何俊志，中山大学政治与公共事务管理学院教授、博士生导师。

一些国家和地区存在无政党的政治。而且，除了韦尔所指的一些少数传统小型社会和禁止政党活动的政体之外，即使在选举政治比较发达的国家和地区，也在地区和地方政治中存在大量的无政党政治现象。

在这方面最为典型的国家就是美国。除内布拉斯加的州议会曾经奉行无政党型选举之外，美国大多数地方议会都长期采用非政党型选举，甚至一些州和地方层次的法官，也以非政党型选举的方式产生。作为进步主义的产物之一，非政党型选举自 20 世纪初兴起以来，已经在美国的地方政府选举中广泛传播，在一些地方甚至已经成为常态，而且采用这种选举制度的城市的比例自二战之后就一直维持在三分之二左右的水平。

虽然一些研究美国地方政府和地方选举的学者一直在关注这一独特的现象，但是由于缺少跨国比较，而且美国之外的学者也较少涉及这一领域，因而学术界对这一问题的讨论并不多，更谈不上通过对这一现象的研究而扩展比较政党研究的视野。基于这一现实，本文将首先归纳美国国内学者的研究成果，并通过对美国学者的相关研究的讨论而展望非政党型选举对于当代民主理论及选举和政党理论的深入推进所具有的意义。

二　起源与发展

虽然在建国之初就有不少人担心政党及其派系会影响到现代政治的运作，但是随着选举政治的逐步展开，政党在美国的联邦和州一级的选举中扮演着越来越重要的角色已经成为公认的事实。最初，美国一些州的选举法律，也参照联邦和州政治的运作模式，允许政党独自推荐候选人。但是人们很快就发现，由于政党候选人的推荐过程只在政党内部进行，是政党的"秘密花园"，法律监督难以进入，选举腐败由此而生。除了腐败和封闭的指责外，还有一些政治观察者认为，如果放任全国性政党卷入地方性选举，围绕全国性政党而展开的意识形态和宏观政策的争论，将会把选民的注意力引向全国性议题而不是当地亟须讨论的公共治理问题。而在政治与行政二分的基本思维框架下，地方政府的管理过程也被视为一种行政而非政治过程（Robert Eugene Cushman，1923：83 - 96）。在行政过程中，对治理的专业能力的要求应该高于党派忠诚。另外，还有一些改革认为，只有在去除候选人的政党标签之后，新移民和低教育程度者才会从政党阴影的笼罩之下走出来，在投票之时更多地关注候选人的个人特质（Carol A. Cassel，1987：246 - 256）。概括而言，清除腐败、提高效率、减少全国性政治对地方行政的干扰和挑选有特殊能力的人才管理城市，构成了非政党选举改革的初期动力。

实际上，早在 1877 年，就已经有一些进步主义的改革先锋提出，为了提高政府效率和适应企业化政府的要求，需要将地方政治与联邦政治和州一级的政治中区隔开，走向非政治化的状态，地方政府应该采用非政党的选举方式进行选举（Charles R. Adrian，1959：449 - 458）。在这一思想的启发下，面对一些政党在候选人推荐过程中因民主和公开程度不足而引出的腐败和混乱现象，有些州开始立法强制政党以预选的方式产生候选人。这一改革虽然提高了候选人产生过程的民主和公开程度，但是以政党为背景产生出来的候选人，在正式的竞选环节仍然与政党之间存在紧密的联系，普通的选民难以在预选和竞选过程中产生影响。

基于这一新的挑战，一些采用委员会制的地方政府，开始尝试无政党的预选制，以进一步排除政党的影响。但是，在无政党预选的情况下，一些候选人又开始在预选环节动用各种资源来影响预选的参与者，导致选举竞争的支出在预选环节就大量增加。为了避免预选环节的选举操纵和提高民主化程度，波士顿市于 1909 年开始采用请愿推荐制的方式来产生候选人。其具体的程序安排是，在选举投票日前 25 日，那些希望参选的候选人需要征集到 2500 名合格选民的签名，并以请愿的方式呈交选举管理机构，经确认之后成为正式的候选人（这一现象早在 20 世纪 20 年代就被中国学者观察到，并希望在今后的选举过程中采用这种方式）（董修甲，2011：405 ~ 418）。而与此平行的是，内布拉斯加州也于 1909 年通过法律，规定以非政党方式来选举法官和公共工程的监督官（Addison E. Sheldon，1909：409 - 410）。一些新的研究表明，达拉斯早在 1907 年就已经在正式选举中采用非政党型选举的选票模式（Phillips Cutright, 1963：212 - 226）。因此，我们可以把波士顿视为最早采用非政党型预选的城市，达拉斯是最早采用非政党型选票的城市，内布拉斯加州则是最早在全州范围内推行非政党型选举的州。

非政党型选举最初主要在美国的东部和北部城市铺开。据统计，至1923 年时，北达科他和威斯康星州的所有市级选举都采用了非政党型选举；同时，一些州的议会和法官选举也采用了非政党型选举，其中明尼苏达州不但在市和镇议会选举中采用了非政党型选举的模式，而且也用这种方式来选举州议会议员（Robert Eugene Cushman, 1923：83 - 96）。自非政党型选举在东北部产生之后，其与进步主义运动一道，不断向西部和南部地区扩展，而且在西海岸地区大量普及。

第二次世界大战后，非政党型选举在美国地方政府中呈进一步扩展之势。至 20 世纪中叶，虽然非政党型选举的扩展势头有所减缓，但仍然有大约一半的选民使用非政党型选举的方式选举他们的地方议员（Charles R. Adrian, 1952：766 - 776）。至 20 世纪 50 年代末期，已经有 60% 以上的人口在 5000 人以上的城市采用了非政党型选举。其中，在实行市长 - 议会制的城市中，有 45% 的城市采用了非政党型选举；在实行议会 - 经理制的城市中，则有 86% 的城市采用了非政党型选举（Charles R. Adrian, 1959：449 - 458）。到 20 世纪 80 年代初，全美已经有三分之二以上的城市采用了非政党型选举（Carol A. Cassel, 1985：495 - 501）。虽然也有一些城市在此期间曾经将非政党型选举转变为政党型选举，但也有另外一些城市将传统的政党型选举转变成非政党型选举。在进步主义运动发起的其他选举改革成果都受到严重冲击的 20 世纪 90 年代，采用非政党型选举的城市比例反而上升至四分之三（Tari Renner and Victor S. Desa, 1993：57 - 84）。这一数据已经显示，当代美国地方政府最为主流的选举模式就是非政党型选举。根据最新的统计，在 2019 年美国 100 个大城市中，采用政党型选举的城市只有 18个，采用非政党型选举的城市为 82 个（www. ballotpedia. org, 2019）。

三　形态与机制

非政党型选举的制度原则主要体现在两个环节之中。在提名环节，政党不能成为候选人的提名主体，候选人只能在征集特定比例或数量的选民签名之后，以请愿的方式提交选举管理机构，以取得候选人资格。在投票环节，选民所用选票之上不能有任何政党信息。基于这两个环节的要求，候选人在竞选过程中也不能公开使用政党信息进行竞选并直接接受政党的财政资助和助选。值得注意的是，虽然法律明文禁止政党在这些地方作为候选人提名的主体，候选人在选票上的信息中也不能包含政党成分，但是在实践中并不能完全排除特定政党的支持者甚至是注册党员参加竞选。简言之，非政党型选举模式在实践中只是禁止政党与候选人之间在选举过程中有直接和公开的联系。

因此，尽管在采用非政党型选举的地方，法律会明文禁止候选人在选举过程中与政党之间建立起直接和公开的联系，但这并不意味着候选人与政党之间就不会建立起任何实质性的联系。在实践中也经常会出现有政党背景的候选人以非政党的形式参选。很早就有研究者发现，在威斯康星州内采用非政党型选举的密尔沃基市 1956 年和 1960 年的市议会选举中，167名候选人中有民主党背景的占 52%，有共和党背景的占 17%，只有 31% 的候选人完全没有政党背景。而且，民主党和共和党在这两次选举中对本党候选人的支持模式也因人因区而异（A. Clarke Hagensick，1964：117 - 124）。另外，即使法律的规定和实际的竞选过程都能够将政党的影响降到最低，也不能排除利益集团在选举过程中会产生影响。在候选人和选民的政党依附关系都比较虚弱的情况下，种族压力（ethnic pressures）常常会成为政党影响的替代因素（Gerald Pomper，1966：79 - 97）。由这一发现可以推导出的可能性机制是，非政党型选举在排除政党影响的机制之后，种族之外的其他因素所形成的利益集团和初级群体，同样会在特定的选区起到替代政党影响的作用。

即使在那些采用非政党型选举的地方，政党也会有动机或明或暗地支持本党或同情本党的候选人；候选人在竞选过程中也不可能是单兵作战，而必然会联合众多的团体和组织一同竞选。两股力量结合的结果是，候选人与政党的关系在现实之中也呈现出多元化的状态。具体而言，候选人在选举过程中的后援组织又可以分为非政治性团体和政治性团体。前者主要是指各种利益集团，后者则主要指专门为支持候选人选举而成立的"联名团体"（slating group）。大卫德森等人发现，这些"联名团体"虽然与全国性政党并没有形式上的联系，但是其实际的功能与政党并无二致。从这个意义上讲，非政党型选举的实际运行过程可以分为两类：选票意义上的非政党型选举（ballot-nonpartisonship）和组织意义上的非政党型选举（organization-nonpartisonship）（Chandler Davidson and Luis Ricardo Fraga，1988：373 – 390）。

结合各地的情况做进一步概括后可以发现，在实际运行过程中，候选人与政党之间的关系可以概括为四种主要类型。第一种类型，虽然在选票上和候选人的竞选信息中都没有政党信息，但是由于在该城市中存在较为成熟的政党机器，候选人的政治纲领也倾向于某些政党。这些候选人虽然都没有明确的政党标签，但是选民们大多"明白"候选人得到了某一政党的支持。第二种类型，虽然选票上和候选人的竞选信息中都没有政党信息，但是政党像其他政治团体一样，也作为该候选人支持群体的一部分而参与其中。第三种类型，候选人得到了众多利益集团的支持但没有与政党建立实质性联系。第四种类型，主要以候选人个人的资源展开竞选（Charles R. Adrian，1959：449 – 458）。在这种四种类型中，只有第三种和第四种类型中的候选人与政党实现了相对彻底的分离。

在竞选过程和选票之中都没有明显政党信息的背景下，选民的投票会呈现出何种取向？经验观察的结果同样印证了逻辑推导的结论。这是因为，在前期研究中已经发现并广泛使用的模式是政党取向、议题取向和候选人取向的投票模式。一旦竞选过程和选票之中都缺少政党标签，选民的投票取向就更有可能偏向议题取向和候选人取向。

早期的研究在一定程度上验证了非政党型选举中的议题投票模式，一些研究肯定了选民会将候选人是否与自己有共同的政治立场作为投票的依据（Robert H. Salisbury and Gordon Black，1963：584 - 592）。但是另外一些研究则否定了二者之间的显著联系；还有一些研究则发现，议题投票模式随着选区规模的扩大和选举层次的提升而逐步减少（Melinda Gann Hall，2001：315 - 329）。新近的研究则发现，选民们不但能够察觉到候选人之间的议题之争，而且也会成为候选人的动员工具并最终影响到选举结果（Jon Taylor and William D. Schreckhise，2003：174 - 182）。

经验研究也验证了候选人取向的投票模式确实广泛存在，而且选民对候选人的熟悉程度构成了其最终选择的重要标准（M. Margaret Conway，1969：425 - 430）。"熟人投票"模式确实可以解释相当一部分选民的选择行为。除了"熟人"的标准之外，选民还会将候选人是否与自己具有某种共同特征作为选择的标准，因此种族（race）和族群（ethnic）因素也会成为选民的选择标准（Leon J. Kamin，1958：205 - 212；William P. Collins，1980：330 - 335）。而且，即使在非政党型选举中，由于政党的影响并不可能被彻底排除，选民在投票之时除了依据"熟人"标准之外，还会根据候选人的相关信息而"赋予"候选人以某种党派联系，因此在投票之时也会根据政党偏好来选择候选人（Chris W. Bonneau and Damon M. Cann，2015：43 - 66）。不过后来的研究则发现，在排除党派信息或者选民难以鉴别候选人的党派背景时，选民在投票之时，会将候选人的个人经历作为主要标准。其共同之处在于，在缺少明确政党标签的情况下，选民会将候选人的任职经历作为核心的选择标准（Brian F. Schaffner，Matthew Streb and Gerald Wright，2007：7 - 30）。所不同的是，偏向共和党的选民会更看重候选人的职业经历，而偏向民主党的选民则更看重候选人的政治经历（Patricia A. Kirkland and Alexander Coppock，2018：571 - 591）。

总结这些研究成果可以发现，在实际运行过程中，非政党型选举显然不可能完全排除政党的影响，不过其竞选过程和投票机制又与政党型选举存在明显的差异。虽然政党的因素在竞选过程和投票过程中都会或明或暗地产生影响，但是相对于政党型选举而言，政党以外的因素显然在非政党型选举中发挥着更为突出的作用。

四　条件与后果

从 20 世纪 50 年代开始，美国社会出现了一股反思进步主义改革的修正主义运动（revisionism）。这一运动的推动者们认为，进步主义改革表面上是一场反对腐败、提高效率和强化专业管理的运动，实际上是社会的上层通过选举改革而将底层代表排除在政府之外的运动（Richard L. Engstrom and Michael D. Mcdonld，1981：344 - 354）。修正主义者们的这一批评，引出了学术界对两个问题的进一步探讨：一是在何种条件下会导致从政党型选举向非政党型选举的改革；二是非政党型选举的采用是否有利于特定的阶层或党派。

如果说 20 世纪初采用非政党型选举的改革动力主要来自对进步主义运动的追求，那么，为什么自此开始非政党型选举就在全美逐步扩展，而且在第二次世界大战结束之后仍然呈现进一步扩展之势？卡特赖特通过比较各州的政党竞争模式和社会结构之后发现，一个城市要从传统的政党型选举转向非政党型选举，需要满足四个结构性条件：一是选民高度支持某个特定政党；二是选民与两党之间的联系都很松散；三是缺少与某个政党有联系的阶级组织形成的经济基础；四是缺少与特定政党相联系的宗教分裂（Phillips Cutright，1963：212 - 226）。如果上述因素真正构成了非政党型选举扩展的条件，则可以认为那些同质性和异质性程度较高的城市都有可能鼓励非政党型选举的出现，但是随后的研究在这方面出现了较为激烈的争论。

早在 20 世纪中叶，一些研究就发现，相对于政党型选举而言，那些社会经济地位较高的候选人比较容易在非政党型选举中当选。这是因为大多数城市在采用非政党型选举的同时也采用了选区规模较大的整区制（At-Large System）。在选区规模较大时，富人和名人的影响力要明显大于来自社会底层的候选人（C. Rogers and H. Arman，1971：941 - 945）。还有一些研究则发现，非政党型选举中的当选者更多地来自商人圈子（R. Feld and D. Lutz，

1972：924 - 933）。这些研究提出的基本观点是，非政党型选举在整体上有利于富人、名人，不利于穷人、工人（Charles R. Adrian，1952：766 - 776）。这一后果的党派效应是有利于共和党而不利于民主党的，因为民主党主要的动员对象是穷人和工人，而共和党在这方面则有着先天优势，因为富人和名人不需要借助党派网络也会有天然的影响力，同时也更容易建立非政党性的选举后援团体。

作为修正主义代表人物之一的阿德里安就提出，在非政党型选举制度下，名人效应影响更大，因而更有利于社会地位高的商人和自由职业者当选；对个人因素的强调会让那些有过政治经历的人和在任者当选；共和党人因其社会地位更高而更容易当选（Charles R. Adrian，1952：766 - 776）。罗杰斯和阿曼则发现，非政党型选举确实为社会经济地位较高的群体当选提供了便利，政治经历对候选人是否当选的影响并不明显，共和党候选人在非政党型选举中更有优势，非政党型选举中当选者的年龄在整体上大于政党型选举中的当选者（Chester B. Rogers and Harold D. Arman，1971：941 - 945）。为了系统验证前述观点，卡塞尔通过一套全国性数据的分析后发现，非政党型选举的结果确实会偏向那些社会经济地位较高的候选人，与整区制配套的非政党型选举制更加强化了这一效应。但是，非政党型选举制度并不明显偏向那些受教育程度更高的人，选出议员的年龄也并没有显著偏大（Carol A. Cassel，1985：495 - 501）。

由于社会经济地位较高的阶层与共和党之间的天然联系，相关的研究逐渐得出一个共同的观点，即非政党型选举让共和党更具优势。其内在的机制主要有两条：一是共和党成员的社会经济地位较高、名望较高且拥有更多的资源参选，更有条件和能力参选；二是在非政党型选举中，缺少政党竞争导致投票率相对较低，底层参与有限，客观上也为共和党人的当选提供了更多的机会（Albert Karnig and Oliver Walter，1983：491 - 506）。

显然，如果上述的观察都得到验证，则修正主义的批评是有根据的，即非政党型选举实际上起到了巩固精英利益的作用。实际数据也表明，与20世纪50~60年代类似，直到20世纪80年代，从非政党型选举中产生的共和党议员的比例仍然高于民主党议员的比例。但是，20 世纪后的一些研究则进一步"修正"了修正主义的观点。韦尔奇和布莱德索发现，与 20 世纪 50～60 年代不同的是，80 年代以来，共和党的优势在小城市比大城市更明显；在中等收入的城市比高收入城市和低收入城市都更明显；在整区制的大选区中比单区制的小选区中更明显。整体而言，随着美国城市特征在 20 世纪 60 年代以来发生变化，共和党在非政党型选举中的优势已经明显减少（Susan Welch and Timothy Bledsoe，1986：128 - 139）。后来的研究则认为，非政党型选举的结果确实更有利于共和党人，但是与整区制的匹配优势并不明显，非政党型选举降低投票率的作用也并不明显，而共和党人的优势来自更多的资源则得到了验证（Edward L. Lascher, Jr.，1991：656 - 675）。新近的研究还提出，非政党型选举之所以有利于共和党人，主要的原因并不在于共和党人的地位和资源优势，而是非政党型选举是一种有利于居于少数地位的党派的制度。其背后的机制在于，在一个民主党支持者占优势的选区内，一旦去除政党标签，反而会让共和党的候选人在选民眼中的地位更加突出，反之亦然（Brian E. Schaffner, Matthew J. Streb and Gerald C. Wright，2007：240 - 249）。无论这一解释机制是否成立，共和党人在那些处于劣势地位的选区更能获胜的事实，也可以从前期研究之中得到数据支持（Susan Welch and Timothy Bledsoe，1986：128 - 139）。

尽管仍然存在大量的争论，但是到目前为止的大多数研究都承认，非政党型选举确实更有利于上层精英；所有的研究都肯定这一制度更有利于共和党人；新近的趋势是，共和党人在这一制度中的优势正在减少。不过，有关研究也发现，无论是在对选民的回应还是城市的政策取向方面，在非政党型选举制度与政党型选举制度之下产生的公共政策都并没有明显的差异。对于这一现象，有学者认为，一个可能的原因在于，在大多数研究中，在对非政党型选举与政党型选举的结果进行比较时，政党型选举的样本都来自美国联邦和州一级层面上的两党竞争格局。但是，在美国的地方政府中，即使采用政党型选举，一党主导而非两党竞争也是常态。因此，在地方政府中非政党型选举与政党型选举之间在政策结果方面的差异不明显，很可能是因为一党主导的选举与非政党型选举的政策结果趋同（Carol A. Cassel，2003：226 - 241）。

五 结论与讨论

美国学者对非政党型选举在地方政府的实践历程的研究表明，与联邦和州一级选举不同的是，美国地方政府更多地采用非政党型选举的方式来产生代议机构的组成人员。非政党型选举模式在美国的扩散过程表明，虽然这种选举不能完全避免政党的影响，但是越来越多的地方政府已经在事实上倾向于接受非政党型选举在提高地方政府治理绩效方面所具有的价值。

基于非政党型选举制度在美国的产生和扩散过程，我们可以提出一个有趣的经验性理论问题：为什么一个相对有利于上层精英和共和党的选举制度，能够在一个世纪的时段内稳步扩散，在 20 世纪中期受到修正主义学派的揭露和批判之后，其扩散的势头反而有增无减？尽管美国国内学者从社会结构与政党间关系的角度提供的解释有一定的说服力，但是并不能解释为什么这种制度在社会结构和政党间关系发生变化的背景下仍然能够得到维持和扩散。笔者提出的一个初步解释是，这一制度的产生和运行都顺应了制度结构背后的价值变迁。在进步主义时代，由政党型选举向非政党型选举的转变，主要顺应的是效率价值驱动的专业化要求。正是由于非政党型选举顺应了通过非政治化和非政党化的途径减除腐败和提升地方治理专业能力的要求，这一制度才得以在 20 世纪上半期扩展。

20 世纪中期以来，虽然进步主义运动的选举改革受到了质疑，但是更大的冲击则来自 20 世纪 60 年代国会通过的《投票权利法》。在《投票权利法》通过之后，美国国内政学两界攻击最多的是与选区规模有关的整区制违背了选举权利平等原则。正是在这一浪潮的冲击之下，整区制呈现收缩之势（何俊志，2016：124~135）。而与整区制相结合的非政党型选举制，又被认为是最有利于共和党的制度安排。从整区制向单区制的改革，已经在制度上弱化了非政党型选举对特定阶层和政党的倾斜作用，从而也就缩小了政治权利平等价值对非政党型选举的拷问空间。而由于非政党型选举本身就具有弱化政党的功能，选民在这种制度下会用更多的精力去了解候选人的其他信息，选民对候选人的鉴别程度更深（Patricia A. Kirkland and Alexander Coppock，2018：571 – 591）。非政党型选举的这一特点又在政党衰落时代为候选人和政党之外的其他组织进入选举过程提供了应有的空间，从而得到了那些希望深度参与政治的邻里组织、少数群体和公民团体及其学术团体的支持。

在规范意义上，虽然目前还难以将美国地方政府的这些实践系统地纳入国际比较的视野，但是非政党型选举在美国地方政府的实践经历已经可以说明，在一定范围之内，西式代议民主的运作可以不必依赖于政党，甚至要尽量避免政党的影响。而且，经验数据还表明，美国地方政府采用非政党型选举，并没有显著地影响到全国和州一级的政党政治的兴衰（Carol A. Cassel，1987：246 – 256）。谨慎而言，至少在地方层面上，政党型选举和非政党型选举都可以支撑西式代议民主的有效运作，两者可以在同一个国家平行运作而互不相伤。我们也只有在充分了解地方政治中非政党选举的基本形态之后，才能揭示美国选举与政党政治的全貌。

参考文献：

艾伦·韦尔，2011，《政党与政党制度》，谢峰译，北京大学出版社。

董修甲，2011，《训宪政时期江苏市制之商榷》，王建学编《近代中国地方自治法重述》，法律出版社。

何俊志，2016，《分区制与整区制：美国地方治理中的选举制度竞争》，《中山大学学报》第 1 期。

A. Clarke Hagensick，1964，"Influences of Partisanship and Incumbency on a Nonpartisan E-lection System"，*The Western Political Quarterly*，（1）.

Addison E. Sheldon，1909，"Legislation in Nebraska"，*American Political Science Review*，（3）.

Albert Karnig and Oliver Walter，1983，"Decline in Municipal Voter Turnout"，*American Politics Quarterly*，（11）.

Angus Campbell, Philip E. Converse, Warren E. Miller and Donald E. Stokes, 1960, "The American Voter", *American Political Science Association*, (1).

Brian F. Schaffner, Matthew J. Streb and Gerald C. Wright, 2007, "A New Look at the Republican Advantage in Nonpartisan Elections", *Political Research Quarterly*, (2).

C. Rogers and H. Arman, 1971, "Nonpartisanship and Election to City Office", *Social Science Quarterly*, (4).

Carol A. Cassel, 1987, "The Nonpartisan Ballot and the Decline of American Parties: A Contextual Effect?", *Political Behavior*, (3).

Carol A. Cassel, 2003, "The Nonpartisan Ballot in the United States", edited by Bernard Grofman and Arend Lihpard, *Electoral Laws and Their Political Consequences*, New York: Agathon Press.

Carol A. Cassel, 1985, "Social Background Characteristics of Nonpartisan City Council Members: A Research Note", *Western Political Quarterly*, (3).

Chandler Davidson, 1988, "Slating Groups as Parties in a 'Nonpartisan' Setting", *The Western Political Quarterly*, (2).

Charles R. Adrian, 1952, "Some General Characteristics of Nonpartisan Elections", *American Political Science Review*, (3).

Charles R. Adrian, 1959, "A Typology for Nonpartisan Elections", *Western Political Quarterly*, (2).

Chester B. Rogers and Harold D. Arman, 1971, "Nonpartisanship and Election to City Office", *Social Science Quarterly*, (4).

Chris W. Bonneau and Damon M. Cann, 2015, *Voters' Verdicts: Citizens, Campaigns, and Institutions in State Supreme Court Elections*, Virginia: University of Virginia Press.

Edward L. Lascher, 1991, "The Case of the Missing Democrats: Reexamining the 'Republican Advantage' in Nonpartisan Elections", *Political Research Quarterly*, (3).

Gerald Pomper, 1966, "Ethnic and Group Voting in Nonpartisan Municipal Elections", *The Public Opinion Quarterly*, (1).

Jon Taylor and William D. Schreckhise, 2003, "The Impact of Issue Voting on a Local Nonpartisan Election", *State & Local Government Review*, (3).

Leon J. Kamin, 1958, "Ethnic and Party Affiliations of Can? Didates as Determinants of Voting", *Canadian Journal of Psychology*, （4）.

William P. Collins, 1980, "Race as a Salient Factor in Nonpartisan Elections", *The Western Political Quarterly*, （3）.

M. Margaret Conway, 1969, "Political Participation in a Nonpartisan Local Election", *The Public Opinion Quarterly*, （3）.

Melinda Gann Hall, 2001, "State Supreme Courts in American Democracy: Probing the Myths of Judicial Reform", *American Political Science Review*, （2）.

Patricia A. Kirkland and Alexander Coppock, 2018, "Candidate Choice Without Party Labels: New Insights from Conjoint Survey Experiments", *Political Behavior*, （3）.

Phillips Cutright, 1963, "Nonpartisan Electoral Systems in American Cities", *Comparative Studies in Society and History*, （2）.

Richard L. Engstrom and Michael D. Mcdonld, 1981, "The Election of Blacks to City Councils: Clarifying the Impact of Electoral Arrangements on the Seats /Population Relationship", *American Political Science Review*, （2）.

Robert Eugene Cushman, 1923, "Non-Partisan Nominations and Elections", *The Annals of the American Academy of Political and Social Science*, The Direct Primary.

Robert H. Salisbury and Gordon Black, 1963, "Class and Party in Partisan and Non-Partisan Elections: The Case of Des Moines", *American Political Science Review*, （3）.

Susan Welch and Timothy Bledsoe, 1986, "The Partisan Consequences of Nonpartisan Elections and the Changing Nature of Urban Politics", *American Journal of Political Science*, （1）.

Tari Renner and Victor S. Desa, 1993, "Contemporary Patterns and Trends in Municipal Government Structures", in T*he Municipal Yearbook* 1993, Washington, D. C.: International City/County Management Association.

www. ballotpedia. org, 最后访问日期: 2019 年 10 月 16 日。

The Practices of Non-Partisan Elections
in American Local Governments

He Junzhi

Abstract: Both the mainstreams of democracy and party theories argue that there is no representative democracy without political parties. But the reforms and practices in the U. S have shown that the non-partisan elections could be operated extensively since the progressivism era. Based on the previous studies and practices, combined with the new data, this paper shows that the diffusion of the non-partisan elections is a very important scenario in the U. S. local politics that is different from the democracy dominated by political parties; and it is possible that representative democracy exists without political parties. The profile of the U. S Politics could only be captured completely with knowing the non-partisan elections in local government.

Keywords: Non-Partisan Elections; Local Government; America

《地方治理评论》2019 年第 2 期
第 100～115 页
© SSAP，2020

东西部扶贫协作进程中的府际
利益冲突与协调*

孙崇明**

摘　要：东西部扶贫协作的本质是政府治理方式的制度变迁，即打破传统属地管理的制度安排，重塑府际利益格局的制度演变过程，作为现代化进程中协调区域发展的再平衡战略，它在过去 20 多年的对口支援进程中取得了显著的成绩。然而，作为府际跨区域协同治理的一种特殊形式，扶贫协作在具体实践进程中却面临"集体行动的困境"，这在一定程度上影响了东西部扶贫协作的绩效水平。研究发现，"强制性制度变迁"体制下的多重府际利益差异及冲突是扶贫协作陷入困境的主要肇因。未来需要通过加强顶层设计提升扶贫协作利益协调的制度化水平，完善扶贫协作双方之间的利益表达和沟通机制，建立支援方与受援方之间的利益共享机制，强化扶贫协作主体间的命运共同体意识，以提升府际扶贫协作的绩效水平。

关键词：扶贫协作；制度变迁；利益冲突；协作困境；利益协调

一　问题提出

贫困是一项世界性难题，如何摆脱贫困成为各国不断研究的重要课题。

---

*　基金项目：教育部人文社科重点研究基地重大项目"城镇化发展模式的区域比较研究"（16JJD840006）。

**　孙崇明，苏州大学政治与公共管理学院博士研究生。

作为世界上最大的发展中国家，区域间的"非均衡性"发展成为中国的基本国情之一，而由此所引发的贫富扩大化问题也成为中国现代化进程中亟待解决的重大课题。为了进一步缩小区域间的发展差距，继续贯彻"先富帮后富，最终实现共同富裕"的战略构想，中央于 1996 年作出了"东西部扶贫协作"的重大决策。作为现代化进程中协调区域发展的再平衡战略，东西部扶贫协作是一种极具中国特色的扶贫模式，它在中国反贫困治理体系中发挥了极为重要的作用，并先后涌现出闽宁、粤贵、两广、浙滇等各具特色的帮扶模式，这不仅体现了社会主义制度的优越性，也践行了东西部"携手奔小康"的价值理念。十八大以来，为了完成全面建成小康社会的战略目标，中央多次强调东西部扶贫协作战略对脱贫攻坚的重要意义。在 2016 年 7 月东西部扶贫协作座谈会上，习近平主席进一步指出，"西部地区特别是民族地区、边疆地区、革命老区、连片特困地区贫困程度深、扶贫成本高、脱贫难度大，是脱贫攻坚的短板，进一步做好东西部扶贫协作和对口支援工作，必须采取系统的政策和措施"。然而，从现实运行来看，东西部扶贫协作在具体实践进程中仍存在诸多治理难题。综观已有的研究，学者们关注到了东西部扶贫协作进程中的以下问题：黄承伟和吴国宝侧重考察了扶贫协作中"瞄不准"的问题（黄承伟，2017；吴国宝，2017）；李小云着重探讨了扶贫协作的可持续发展问题（李小云，2017）；方珂和蒋卓余侧重探讨了扶贫协作的绩效考核问题（方珂、蒋卓余，2018）；王士心和刘梦月则侧重考察了扶贫协作过程中资源跨区域分配的问题（王士心、刘梦月，2019）。总体来看，既有研究从多个层面和视角对东西部扶贫协作进程做了深入探讨，既加深了人们对扶贫协作问题的认识，也为扶贫协作政策的完善提供了智力支持。然而，作为政府主导下跨区域协同治理的一种特殊方式，既有研究对东西部扶贫协作进程中的府际关系关注不足，尤其缺乏对政府间协作行为的研究，而府际互动关系对东西部扶贫协作政策的运行质量起着关键性作用。众所周知，尽管合作能够促进人类社会更好地发展，但在合作过程中往往面临"集体行动的困境"，而造成合作困境的根本原因在于利益相关者之间的利益冲突（S. C. Sufrin，1965）。"利益关系"是府际关系的最核心议题之一（谢庆奎，2000），只有建构和谐的府际利益关系，才能提升府际合作质量。鉴于此，本文从府际利益关系的视角出发，通过分析协作进程中府际利益的差异与冲突，来审视扶贫协作进程中的集体行动问题，以进一步提升府际协作扶贫的效能。

二　东西部扶贫协作视域下的府际协作：特点与逻辑

为了协助贫困地区尽快解决温饱问题，逐步缩小区域间的发展差距，国务院办公厅于 1996 年颁布了《关于组织经济较发达地区与经济欠发达地区开展扶贫协作的报告》，这标志着东西部扶贫协作战略的正式展开。而作为中国反贫困治理体系的重要一环，东西部扶贫协作不仅是一种经济行为，也是一种政治行为，其运作逻辑彰显了"中国模式"的扶贫特色。

（一）一项特殊的"政治性任务"和"政治性馈赠"

受自然环境、历史遗留、公共政策等因素的影响，东西部之间的非均衡发展成为我国的基本国情之一。虽然梯度开发的策略能够在短时间内实现国家经济的快速发展，但从长远来看，区域之间发展差距的拉大，不仅不利于国民经济整体的健康发展，也在一定程度上影响了民族团结和政治稳定。因而，中央从国家的战略高度出发，号召东部发达地区通过"结对子"的形式与西部欠发达地区开展扶贫协作。按照国务院《关于组织经济较发达地区与经济欠发达地区开展扶贫协作的报告》要求，东部有扶贫任务的地区有责任、有义务通过多重对口支援的形式，在资金支持、产业发展、干部交流、人员培训以及劳动力转移就业等方面积极配合，做好西部欠发达地区的对口支援工作。因此，从国家改革和发展的战略视野出发，东西部扶贫协作对东部有帮扶任务的地区而言是一项特殊的"政治性任务"，而对西部受帮扶地区而言是一项特殊的"政治性馈赠"（李瑞昌，2015）。

（二）政府主导下的"对口支援"

经过 20 多年的实践发展，东西部扶贫协作已由刚起步时东部单向帮扶西部，逐步拓展为区域间的"双向互动，合作共赢"，并形成了多元主体参与的扶贫协作格局，这极大地推动了区域间的合作交流。但就东西部扶贫协作的总体框架来看，当下政府主导的"对口支援"模式依然没有改变。其一，政府依然发挥着主导作用。近年来随着扶贫协作体制的逐步完善，虽然企业、社会组织、民间力量纷纷参与进来，但从主体功能发挥的角度来看，政府在扶贫协作进程中依然扮演着"核心行动者"的角色。其二，东部发达地区对口支援西部欠发达地区仍是主要形式。在扶贫协作进程中，东部省份多扮演"支援方"的角色，而西部省份多扮演"受援方"的角色，虽然在扶贫协作进程中西部的劳动力、矿产资源也得到了一定程度的开发，但总体而言，扶贫协作仍以东部发达省份对口支援西部欠发达省份为主，呈现显著的"非对称性"。

（三）强调扶贫协作的协同性

"使政府陷入治理困境的对象往往是比较棘手的问题，此类问题绝非基于功能划分的单一政府部门所能解决的问题，通常需要跨越政府界限。"（Perri 6 et al.，2002）鉴于扶贫工作公共性、艰巨性、长期性的特点以及囿于西部自身有限的反贫困能力，东西部扶贫协作特别强调系统之间的协同性，这主要表现在以下两个方面。一方面，强调区域间的协同性。十九大指出坚持精准扶贫、精准脱贫是脱贫攻坚任务完成的根本保证。中国幅员辽阔，东西部在资源禀赋、市场发育、政策支持等方面差异性巨大，因此在扶贫协作进程中，区域间协作的精准性就显得尤为重要。另一方面，强调主体之间的协同性。"跨域治理作为强调多元主体参与、注重伙伴关系构建、共享利益共担分（风）险的协作治理"（张成福等，2012），涉及多元主体的共同参与，因此主体间的协作质量直接关系到扶贫协作的实践绩效。而作为政府主导下的一项特殊公共政策，其主要涉及的主体有作为扶贫协作"总指挥"的中央政府、作为"支援方"的东部地方政府、作为"受援方"的西部地方政府，中央政府与援助双方实质构成了纵向上的"委托—代理"的关系，而援助双方则构成了横向上的"支援—受援"的关系（见图 1）。

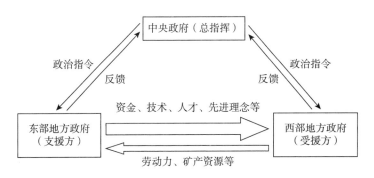

图 1　东西部扶贫协作的运作逻辑

总体来看，作为府际跨区域协同治理的一项国家战略，东西部扶贫协作的运作逻辑中凸显了"中国特色"。其一，东西部扶贫协作充分凸显了社会主义制度的优越性。与西方资本主义制度相比，我国社会主义制度的优越性就在于能够做到全国一盘棋，通过资源的有效整合，充分发挥集中力量办大事的政治优势。其二，作为一项特殊的政治行为，东西部扶贫协作依托中央政府的"高位推动"。"政策势能"是中国公共政策"高位推动"的学术表达（贺东航、孔繁斌，2019）。中央政府通过"高位推动"的形式向受援方和支援方政府发出开展扶贫协作的政治指令，是东西部扶贫协作顺利运行的关键。换言之，东西部扶贫协作不是源于地方政府间的"自发自生"，而是中央政府高位推动下"强制性制度变迁"的结果，因此具有一定的"计划性"特征。其三，建构了新型的府际关系。传统观点认为地方政府间的横向关系主要涉及经济关系，而较少涉及政治关系。而东西部扶贫协作作为一项特殊的国家战略，主要是基于政治原因建构起的横向政府间关系，这在一定程度上突破了传统的属地管理体制，重塑了府际利益格局，实质上是中央政府"高位推动"下的一种新型府际关系。

三　东西部扶贫协作进程中的府际利益差异

诚如马克思所言，"人们奋斗所争取的一切，都同他们的利益有关"（马克思、恩格斯，1956：82）。利益既是人们需求的自我满足，也是人们结成政治关系的出发点。作为中央主导的一项"强制性制度变迁"，东西部扶贫协作必然涉及府际利益关系的重构。虽然各级政府在扶贫协作中的根本利益是一致的，但主体间的具体利益存在一定的差异性。分析府际利益的差异，有助于我们理解东西部扶贫协作进程中的集体行动问题。

（一）中央政府在扶贫协作进程中的利益目标

作为扶贫协作的总指挥，"在整个社会管理体系中，中央政府处于最高、也是最核心的地位"（林尚立，1998），它是国家利益和整体战略的代表者。从国家利益的整体高度出发，扶贫协作战略在加强民族团结、保持边疆稳定、协调区域经济发展等方面都发挥了至关重要的作用。以扶贫协作中的援藏、援疆政策为例，中央的首要目标是基于"民族平等""民族团结""民族共同繁荣"的国家利益而展开的。与此同时，东西部扶贫协作战略的实施也有利于维护中央政府自身的利益。事实上，随着经济和社会转型过程的加速推进，中央政府面临的公共性事务逐年增多，财政负担也越来越重，因此寻找抽取财政资源的第二条渠道已经成为中央政府防止财政赤字和保持正常秩序的重要方案（李瑞昌，2015）。在中央的政治指令下，东西部扶贫协作实现了地方政府间财政的"横向转移支付"，这不仅减少了中央的财政支出，也在一定程度上分担了中央的扶贫责任和压力，从而维护了中央的利益。

（二）支援方政府在扶贫协作进程中的利益目标

作为一项特殊的政治任务，扶贫协作对支援方政府而言是无偿的、义务的，但这并不意味着支援方政府没有相应的利益诉求，依照公共选择理论政府"理性经济人"的假说，支援方政府也具有一定的利益目标，这主要从以下几个层面表现出来。其一，在经济层面上，作为地方利益的代理者，长期的单向输出很容易使支援方陷入扶贫协作的惰性，支援方政府也希望通过区域间的优势互补，从单向、无偿的"输血式"帮扶模式走向"双向共赢"的合作格局。譬如在 2016 年 7 月东西部扶贫协作座谈会上，部分支援方政府期望与受援方建立合作共赢、扶贫协作机制。其二，在政治层面上，获得中央政府的政治激励。作为中央政府的代理人，支援方政府实际承担着扶贫协作的主要任务，有着相应的政治激励诉求。其三，在扶贫资源的使用上掌握话语权。为了在扶贫协作进程中更好地凸显自身政绩，作为出资方的支援方政府往往期望在扶贫援助资金使用、项目管理等方面拥有更多话语权和支配权。

（三）受援方政府在扶贫协作进程中的利益目标

作为一项特殊的"政治性馈赠"，通过东西部扶贫协作争取更多的援助资源成为受援方政府的主要利益目标之一。譬如新疆维吾尔自治区领导在会见援疆省市党政代表团期间表达了自身的利益诉求：希望北京市"在维稳、改善民生、产业援疆、经济带建设、增进民族团结等方面做出新的贡献"；希望天津市"积极参与丝绸之路经济带核心区建设"；希望上海市"发挥自身优势使对口援疆工作走在前列"；希望广东省"把改革开放的经验和模式带到新疆"；希望河北、山东、河南、湖北、江苏等省"加大援疆力度"；希望江苏省"扩大援疆工作领域、提高援疆综合效益"；希望浙江省"加快产业转移"；等等。西藏自治区领导在 2016 年 7 月东西部扶贫协作座谈会上也希望广东省一如既往地关心支持西藏发展，进一步加大对林芝、昌都两地的对口支援力度，特别是在基础设施建设、特色产业、脱贫攻坚、社会事业、人才培养、边境小康村建设等方面给予大力支持。以上所述体现了受援方政府获取更多援助支持的利益诉求，甚至在"会叫的孩子有奶喝"的观念驱动下，争取更多扶贫项目和资金支持已经成为一些受援方政府的主要目标。与此同时，在扶贫资源使用过程中如何掌握更大的话语权和支配权也成为受援方政府的利益诉求之一。

四　东西部扶贫协作进程中的府际利益冲突

"一切集体行动都是有组织的。"（埃哈尔·费埃德伯格，2008）诚如克罗齐耶等所言，组织并非一种自然形成的现象，而是一种人为的建构，"其目的在于解决集体行动的问题，而其中要解决的最为重要的是——合作的问题"（M. Crozier et al.，1980）。作为府际协同治理的一种特殊形式，东西部扶贫协作不可避免地会涉及集体行动的"合作成本"问题。尤其随着经济体制和财政制度的改革，受分税制改革及地方政府绩效考核等因素的影响，中央政府与地方政府已经逐渐衍化为相对独立的行为主体和利益主体，面对不同利益主体间利益的差异甚至是冲突，东西部扶贫协作也不可避免地会遭遇"讨价还价""集体行动"的协作困境。而这些协作困境，既可能来自纵向方面，也可能来自横向方面。

（一）扶贫协作进程中的纵向府际利益冲突

第一，中央政府与支援方政府之间的利益冲突。改革开放前期，为了充分调动中央和地方的积极性，中央与地方之间按照"划分收支、分级包干"的原则实行财政包干制。而扶贫作为特殊的事项，中央会单独通过"纵向转移支付"的方式为经济不发达地区提供发展资金，不列入地方财政包干范围。然而，包税制实施以来，中央财政的汲取能力呈现不断下降的趋势，甚至出现了严重的财政赤字。为了进一步摆脱财政压力，中央于1994年启动了分税制改革，改革后中央与地方的财政分配比例发生了很大变化，财权的上移与事权的留置加剧了地方财政的"剪刀差"。在此背景下，中央政府又将部分扶贫任务分配给东部地区，使扶贫财政支持从"纵向转移支付"转变为"横向转移支付"，这不仅使支援方政府面临财权与事权失衡的风险，也加剧了地方的债务危机。事实上"中央请客，地方买单"的扶贫协作行为已经使部分地方政府陷入了"援助疲乏症"，这在一定程度上削弱了支援方扶贫协作的积极性。与此同时，在中央和地方"委托—代理"信息非对称的情况下，中央很难及时监督地方政府的行为，部分支援方政府在扶贫协作进程中存在形式主义、弄虚作假、急躁的消极情绪。

第二，中央政府与受援方政府之间的利益冲突。东西部扶贫协作战略的目标是通过地方政府间的先富帮后富，最终实现共同富裕。然而作为一项特殊的"政治性馈赠"，部分受援方政府经过长期的外部"输血"后，非但没有建立起自身的"造血功能"，还产生了"依赖援助""等靠要"的消极脱贫思想，这与中央政府的目标存在根本冲突。此外，在东西部扶贫协作进程中，中央政府与受援方政府实际也构成了"委托—代理"的协作关系，中央与受援方政府之间信息的不对称和利益目标的不一致，也容易造成受援方政府行为的异化。

第三，支援方内部上下级政府之间的利益冲突。扶贫协作是一项宏大的系统性工程，仅凭省级支援方政府一己之力难以完成这一艰巨任务，省级政府会通过"行政发包"（周黎安，2014）的形式，将扶贫协作任务层层分配给市级、县级政府。以苏州对口帮扶铜仁为例，在省委和省政府的指导下，苏州 10 个县（市、区）分别与铜仁下辖的 10 个县（区）形成结对帮扶关系，如张家港市与沿河县、高新区与万山区、姑苏区与江口县等都结成了"一对一"的帮扶关系。同样作为一项特殊的政治任务，上级政府通过行政发包的形式将扶贫协作任务层层加码分解下压，也容易产生"委托—代理"的协作难题。

第四，受援方内部上下级政府之间的利益冲突。受行政管理体制的影响，行政级别越高的城市其资源集聚程度往往越高，资源按照行政级别由高到低的顺序逐级向下配置。因此相较于受援方的下级政府，上级政府更容易获得扶贫资源的优先支配权，在扶贫资源的下放过程中容易出现"层层截留"的问题。与此同时，在扶贫资源的再分配过程中，下级政府也存在相互攀比、争夺扶贫资源的现象，甚至还出现了一些贫困地区"争当国家级贫困县"的乱象。此外，在扶贫资源的下放过程中，上下级政府也存在"委托—代理"的难题，一些贫困区地方官员利用分管扶贫工作便利牟取私利、贪污扶贫款的现象层出不穷。

（二）扶贫协作进程中的横向府际利益冲突

第一，支援方与受援方政府之间的利益冲突。作为一项特殊的公共政策，扶贫协作虽然强调协作双方的"优势互补、互惠互利"，但在实际运作过程中支援方单向支援受援方的意味更为明显。由于双方在扶贫协作进程中的角色定位、信息掌控、绩效考核、自身利益等方面存在诸多差异，因而支援方与受援方也存在一定的协作困境。一方面，支援方政府作为本辖区的代理人，有维护自身利益的冲动，这有可能使受援方相应的利益诉求难以得到满足。譬如一些支援方政府在援建项目中，出于自身利益的考量，往往优先使用本地的企业和人员，以增加自身的税收和提升就业率，难以满足受援方政府的利益诉求。有些支援方甚至借扶贫协作的名义将本地区已淘汰的高污染、高消耗、低附加值产业转移到受援地，这不仅不利于受援地经济的长远发展，也在一定程度上破坏了中西部脆弱的生态环境。另一方面，双方在扶贫资源的使用权上存在"讨价还价"的博弈。由于扶贫协作双方存在利益和绩效考核的差异，为了更好地维护自身利益和凸显扶贫业绩，双方都期望在扶贫资源使用过程中掌握更大的话语权和支配权，因而可能在"讨价还价"过程中出现利益分歧和利益冲突，这都在一定程度上增加了东西部扶贫协作的难度。

第二，受援方政府之间的利益冲突。作为中央政府主导的一项"强制性制度变迁"，省际对口支援关系不是"自发自生"的，而是由中央政府统筹安排的。但由于支援方经济发展情况存在较大差异，因而受援方的受援助情况也会存在很大的差异。以扶贫资源分配为例，有学者发现西藏各地受援助情况存在显著的差异，林芝市的受援助资金达到了昌都市的 10 倍以上（丁忠毅，2018）。巨大的援助差异不免引起受援区之间的攀比和利益冲突，也加大了上级政府有效平衡各方利益的压力。

五　扶贫协作进程中府际利益协调机制的优化路径

作为中国历代挥之不去的梦魇，贫困问题已经成为阻碍中国现代化进程的一块"硬骨头"，东西扶贫协作战略作为中国特色反贫困治理体系的重要制度安排之一，充分发挥了中国特色社会主义的政治优势和制度优势，为区域间的均衡发展做出了重大贡献。但需要指出的是，作为府际跨区域协同治理的一种重要形式，扶贫协作在实际运作过程中不可避免地会面临"集体行动的困境"，这在一定程度上影响了府际协作扶贫的质量。在新制度经济学家看来，合作成效在很大程度上受制于公共选择的制度背景，合作本质上就是一种交易，而从事交易就不免产生交易成本（R. C. Feiock，2008）。因而如何在制度设计和公共政策运行进程中兼顾各方的利益，以减少不同主体间的利益冲突，成为消解扶贫协作困境、提升扶贫协作治理绩效的重要保证。

（一）加强顶层设计：提升扶贫协作利益协调的制度化水平

"没有规矩，不成方圆"，加强制度建设是国家治理现代化的重要保证。从东西部扶贫协作的实践来看，尽管在不同时期中央对东西部扶贫协作提出了不少的要求，但这些要求多半出自中央、地方的指导意见，尚未上升到法律层面，制度的刚性不强。十九大报告指出要进一步完善和发展中国特色社会主义制度，推进国家治理体系和治理能力现代化。东西部扶贫协作战略作为国家治理体系的重要内容，也需要通过顶层设计进一步提升府际利益协调的制度化水平。第一，将扶贫协作政策上升到法律高度。在总结过去 20 多年扶贫协作经验的基础上，尽快研究制定《东西部扶贫协作法》，对扶贫协作进程中的援助对象、援助领域、援助双方的责任与义务、援助资金的使用与监督、援助项目的选择与实施、援助绩效考核、援助退出机制等方面做出相应的规范。第二，在中央层面上，成立协调扶贫协作事务的专门机构。从目前来看，中央政府只负责分配扶贫协作任务，却没有成立协调扶贫协作事务的专门机构，这在一定程度上增加了府际扶贫协作的协调难度。未来可以在中央层面上成立一个专门协调东西部扶贫协作事务的机构，统筹扶贫协作中的重大事项，协调扶贫协作过程中的利益矛盾与冲突。第三，在中央层面上完善支援方的利益补偿机制。作为一项特殊的政治任务，长期无偿的义务支援，很容易使支援方政府陷入"援助疲乏症"。中央政府可以运用相关的政策工具在产业扶持、税收减免等方面合理补偿支援方政府，与此同时，对具有突出贡献的个人给予相应的职务晋升和物质奖励，以提升支援方对口支援的积极性。第四，完善监督和绩效考评机制。有效的监督约束机制是地方政府积极扶贫和脱贫的前提条件，针对东西部扶贫协作过程中的府际"委托—代理"问题，中央要抓紧制定相应的绩效考核指标，重点突出过程导向和结果导向，实现对扶贫协作的全面质量管理，以减少扶贫协作进程中的逆向选择行为。

（二）促进双向互动：完善支援方与受援方之间的利益表达和沟通机制

"合作治理的定义性特征在于共享裁量权"（约翰·D.多纳休、理查德·J.泽克豪泽，2015），这是调节利益冲突的一个基础。随着区域一体化的加速推进，支援方与受援方需要进一步完善双方之间的多级互访机制、信息共享机制、争议消除机制，以平等协商的方式加强沟通。其一，建立支援方与受援方的多级互访机制和联席会议机制。通过建立省、市、县多级互访机制、联席会议机制等形式提升双向互动的沟通能力和利益协调能力，以减少双方之间的利益冲突。其二，制定"对口支援"的扶贫清单，完善信息共享机制。东西部省际区域差异巨大，为了进一步提高扶贫协作的精准性，需要在沟通的基础上尽快制定扶贫协作清单，实现信息共享。一方面，西部地区政府应制定相应的"需求清单"，及时向对口帮扶的东部省份反映本地区的扶贫工作重点和实际情况，做好相关的联系和对接工作；另一方面，东部地方政府在充分考虑西部地方政府建议的基础上，也要相应制定对口帮扶的"供给清单"，这些"供给清单"可以包括"资源优势清单""市场优势清单""产业优势清单"等，在共同协商的基础上实现信息的共享。

（三）注重合作共赢：建立支援方与受援方之间的利益共享机制

传统单向度、无偿的"输血式"帮扶模式，使东西部扶贫协作缺乏可持续发展的内生动力。一些东部支援地区存在消极扶贫的情绪；与此同时，部分西部贫困地区也存在"援助依赖"的消极脱贫思想，这不利于从根本上解决西部长期贫困的问题。"和谐的府际利益关系，是提高府际协作治理质量的重要条件"（C. Ansell，A. Gash，2008），东西部扶贫协作战略可持续发展的关键是建立利益共享机制，通过区域间的优势互补，实现双方的合作共赢。第一，建立双向互动的利益共享机制。提高支援方与受援方扶贫协作的积极性，需要在扶贫协作过程中兼顾各方的利益，实现双方的合作共赢。譬如，在"闽宁模式"中福建省和宁夏回族自治区通过创建闽宁品牌、共建园区等多种形式在扶贫的同时实现了双方的合作共赢。第二，东西部扶贫协作双方可以在传统合作项目的基础上开拓新的利益增长点。一方面，扶贫协作双方可以依托"西部大开发"战略、"一带一路"倡议等，将国家给予的政策红利转化为自身的政策优势，从而培育新的利益增长点。另一方面，随着市场经济逐渐完善，积极开拓西部市场也为双方的合作注入了新的活力。

（四）树立大局观念：强化扶贫协作各方命运共同体意识

我国是社会主义国家，社会主义的本质是解放和发展生产力，消灭剥削，消除两极分化，最终实现共同富裕。社会主义初级阶段区域间适度的发展差距既是不可避免的也是合理的，然而发展差距过分拉大会背离社会主义的本质。与此同时，历史发展的经验也告诫我们，边疆与内地的发展是唇亡齿寒、利益共生的关系，边疆稳定、民族团结对国家的现代化发展至关重要。因此，各级政府要在扶贫协作进程中，树立大局观念，强化利益共同体意识，自觉维护国家的整体利益和长远利益，而不是单纯追求自身狭隘的利益。一方面，支援方要从国家的战略高度出发，深刻意识到东西部扶贫协作整体和长远的发展意义，没有西部的和谐稳定，东部的长远发展也会受到限制。另一方面，要从命运共同体的高度出发，强化东西部扶贫协作各方"携手奔小康""先富帮后富"从而实现共同富裕的价值理念。

参考文献：

丁忠毅，2018，《国家治理视阈下省际对口支援边疆政策的运行机制研究》，《思想战线》第 4 期。

埃哈尔·费埃德伯格，2008，《权力与规则——组织行动的动力》，张月等译，格致出版社、上海人民出版社。

方珂、蒋卓余，2018，《东西协作扶贫的制度特点与关键问题》，《学习与实践》第 10 期。

贺东航、孔繁斌，2019，《中国公共政策执行中的政治势能——基于近 20 年农村林改政策的分析》，《中国社会科学》第 4 期。

黄承伟，2017，《东西部扶贫协作的实践与成效》，《改革》第 8 期。

吴国宝，2017，《东西部扶贫协作困境及其破解》，《改革》第 8 期。

李小云，2017，《东西部扶贫协作和对口支援的四维考量》，《改革》第 8 期。

李瑞昌，2015，《界定"中国特点的对口支援"：一种政治性馈赠解释》，《经济社会体制比较》第 4 期。

林尚立，1998，《国内政府间关系》，浙江人民出版社。

马克思、恩格斯，1956，《马克思恩格斯全集》，人民出版社。

王士心、刘梦月，2019，《东西部协作扶贫须做好资源跨区域分配》，《人民论坛》第 3 期。

谢庆奎，2000，《中国政府的府际关系研究》，《北京大学学报》第 1 期。

约翰·D. 多纳休、理查德·J. 泽克豪泽，2015，《合作：激变时代的合作治理》，徐维译，中国政法大学出版社。

张成福、李昊城、边晓慧，2012，《跨域治理：模式、机制与困境》，《中国行政管理》第 3 期。

周黎安，2014，《行政发包制》，《社会》第 6 期。

周黎安，2007，《中国地方官员的晋升锦标赛模式研究》，《经济研究》第 7 期。

C. Ansell and A. Gash, 2008, "Collaborative Governance in Theory and Practice", *Journal of Public Administration Research & Theory*, (4).

M. Crozier, E. Friedberg, and A. Goldhammer, 1980, *Actors and Systems: The Politics of Collective Action*, Chicago: University of Chicago Press.

R. C. Feiock, 2008, "Institutional Collective Action and Local Government Collaboration", in L. B. Bingham, R. O'Leary, eds., *Big Ideas in Collaborative Public Management*, New York: M. E. Sharpe Inc..

Perri 6, Diana Leat, Kimberly Seltzer, and Gerry Stoker, 2002, *Towards Holistic Governance: The New Reform Agenda*, New York: Palgrave.

S. C. Sufrin, 1966, "Organizational Behavior: The Logic of Collective Action: Public Goods and the Theory of Groups", *Industrial and Labor Relations Review*, (4).

Intergovernmental Conflict of Intergovernmental Interests and Coordination in the Cooperative Process of Poverty Alleviation between East and West

Sun Chongming

Abstract: The essence of poverty alleviation cooperation between the East and the West is the institutional change of government governance, that is, breaking the institutional arrangement of traditional territorial management, remolding the institutional evolution process of intergovernmental interest pattern, as a rebalancing strategy for coordinating regional development in the process of modernization, it has made remarkable achievements in the process of counterpart support in the past 20 years. However, as a special form of inter-governmental and inter-regional collaborative governance, poverty alleviation collaboration is facing "the dilemma of collective action" in the process of concrete practice, which to some extent affects the performance level of poverty alleviation collaboration between the East and the West. The study finds that the main causes of poverty alleviation and collaboration are the interest differences and conflicts among different governments under the "compulsory institutional change" system. In the future, we need to enhance the institutionalized level of interest coordination of poverty alleviation collaboration by strengthening top-level design, improve the mechanism of interest expression and communication between the two sides of poverty alleviation collaboration, establish the mechanism of benefit sharing between supporters and recipients, and strengthen the sense of destiny community among the main bodies of poverty alleviation collaboration, so as to enhance the effectiveness level of inter-governmental poverty alleviation collaboration.

Keywords: Poverty Alleviation and Cooperation; Institutional Change; Conflict of Interest; Dilemma of Cooperation; Coordination of Interests

社会治理

《地方治理评论》2019 年第 2 期
第 119～132 页
© SSAP, 2020

社会政策模式转型背景下的社区治理[*]

张乾友[**]

摘　要: 社区治理的兴起是社会政策模式转型的结果。凯恩斯主义的社会政策模式强调国家主导的公共产品供给,新自由主义的社会政策模式强调市场主导的公共产品供给,这两者都不能解决当代社会面临的复杂问题,因此让位给了强调基于社区的公共产品供给的社会投资模式,进而催生了当代社区治理。西方的社区治理实践制造了社区与社会的对立,中国的社区治理要坚持共建共治共享的原则,更好地平衡多元主体间的关系。

关键词: 社会政策;凯恩斯主义;新自由主义;社会投资;社区治理

20 世纪末以来,社区治理成为公共管理实践中的一个重要发展方向,世界各国纷纷开展了各种形式的社区建设与社区治理行动,使得社区无论在公共服务供给还是基层政治参与等方面都承担了越来越多的职能,甚至被视为现代社会在国家与市场之外的"第三支柱"(R. Rajan, 2019)。从历史看,社区治理的兴起是社会政策模式转型的一个结果,传统社会政策模式要么强调国家,要么强调市场,都不能解决当代社会面临的复杂问题,由此催生了强调社区的社会政策新模式,并使社区在当代治理体系中扮演起日益重要的角色。社区治理也是中国打造共建共治共享社会治理格局的

---

　*　基金项目:国家社科基金重点项目"河长制的长效机制研究"(18AZD002)与国家社科基金青年项目"共建共治共享社会治理格局建构的合作路径研究"(18CZZ030)。
　**　张乾友,南京大学政府管理学院副教授、博士生导师。

一个不可分割的部分，而要让社区治理助力于共建共治共享社会治理格局的形成，我们就需要完整把握其兴起的背景与面临的挑战。

一 对社会政策模式转型的解释

从 20 世纪的情况来看，现代国家的社会政策供给经历过三个阶段，产生了三种不同的模式，分别是凯恩斯主义模式、新自由主义模式和社会投资模式。其中，凯恩斯主义模式是在 20 世纪 30 年代的"大萧条"中产生的。当时，严重的经济危机造成了大规模失业，凯恩斯主义要求政府承担起创造就业的职能，由此一方面解决底层劳动者的社会保障问题，另一方面推动经济的复苏。这一模式的典型特征是把就业变成了公共产品，促进就业则成为社会政策的首要目标。新自由主义模式是 20 世纪 70 年代经济危机的产物。这场危机造成了持续的经济增长无力，新自由主义给出的药方则是通过削弱国家的社会政策供给来降低经济运行的成本，从而刺激经济增长。同时，社会政策的收缩不可避免地造成了公共产品供给水平的下降。社会投资模式则是 20 世纪 90 年代以来各国社会政策供给模式的改革方向，它试图通过国家对社会关系的投资来促进社会资本的增值，从而同时发挥社会资本的经济功能与社会功能，试图达到既促进经济增长又提高公共产品供给水平的双重目标。

要理解三种模式的区别，我们可以考虑如下例子：假设一个班级是由学习能力存在广泛差异的学生组成的，那么，老师在教学设计时就可以有三种不同的选择。第一种选择，老师以学习能力最低的学生为标准进行教学设计，确保他的所有教学内容都能被所有学生理解。第二种选择，老师将学习能力最高的学生确立为标杆，以他为标准进行教学设计，并为少数优生提供奖学金，同时规定所有达不到标杆水平的学生都只能留级，如果一直达不到，就不断留级。第三种选择，老师还是以学习能力最高的学生为标杆进行教学设计和奖学金分配，也还是规定所有达不到标杆水平的学生都必须不断留级，但同时，老师通过设立助教费的方式鼓励优生去帮助差生学习，在条件允许的情况下，也可以设置学习进步奖以激励差生主动学习。

我们可以将以上三种选择分别对应凯恩斯主义、新自由主义和社会投资模式。在凯恩斯主义模式下，老师提供的教学内容是对所有学生开放的，每个学生都能理解其中所蕴含的知识，并把它们转化为自己的社会能力，尤其是就业能力。在这个意义上，教学就成了一种公共产品，其所蕴含的利益可以被所有学生共享。但同时，既然教学是基于差生的需要进行设计的，就意味着学习能力较好的那些学生的学习需求并未得到充分满足，在老师并未向他们提供别的学习途径和激励的条件下，他们的人力资源就被浪费了。这不仅是一种个体损失，也是一种社会损失，它导致了反平等主义者所说的"拉平效应"，在试图维护个体间的平等时压缩了社会整体上的进步空间。

在新自由主义模式下，优生的学习需求得到了充分满足，而潜在的留级风险也激励其他学生更加努力地学习。但在老师并未向其他人提供额外学习途径的条件下，他们就可能转向课堂之外，到市场上去购买额外的教学服务。由此可能出现的结果是，一方面，家庭经济条件较好的学生可以购买到足够的教学服务，从而达到老师设定的绩效标准，既避免了留级的惩罚，也对自身的人力资源做出了更充分的开发；另一方面，家庭经济条件较差的学生则无法买到足够的教学服务，而只能不断留级，逐渐变成了老师的教学负担。在这种模式下，老师的教学活动虽然仍是面向所有学生的，却失去了公共产品的性质，因为其所蕴含的利益事实上无法被所有学生共享，而只能被优生专享。同时，在正负两方面激励措施的影响下，一个课外教学市场得以发展起来，在为家庭经济条件较好的学生提供了满足其差异化学习需求的更多选择的同时，也让家庭经济条件较差的学生在所有教学资源的分配中变得更加弱势。

在社会投资模式下，老师主要满足优生的学习需求，市场可以满足家庭经济条件较好的其他学生的学习需求，同时，助教费又可以以较低的成本将优生转化为差生能够获取的额外教学资源，学习进步奖则可以为差生付出额外的学习努力提供外在激励。当所有这些措施都运行良好时，虽然老师自身的教学活动仍不能被视为一种公共产品，但通过对学生之间社会关系的经济投资所建立起来的新的教学体系则可以将由不同主体提供的所有教学活动变成一种兼顾不同学生需求和能力差异的公共产品。在这里，学生间的社会关系被转化成社会资本，所以这种模式被命名为"社会投资"。

　　凯恩斯主义的兴起反映了现代国家寻求为所有人提供公共产品的道德努力，在这种模式下，国家的社会政策设计主要考虑的是对所有人需求的满足。但如前面的例子所表明的，需求是与能力有关的，能力的差异会使人们产生不同的需求，而要能够满足拥有不同能力的所有人的需求，国家就只能以能力最低者为标准来进行社会政策设计。结果，虽然国家的确向所有人提供了公共产品，但这种公共产品的质量一定非常低下。在产业经济时代，凯恩斯主义的缺陷并不明显。在社会存在对产业工人的旺盛需求条件下，政府基于产业工人这种低技能劳动者的需求进行就业政策的设计既保证了对公共产品的供给，也符合经济发展的需要。

　　新自由主义的兴起则反映了产业经济向知识经济的转型。知识经济意味着对劳动者自身人力资源的开发成为经济发展的核心动力，而这就决定了，如果政府还是坚持凯恩斯主义的社会政策供给，必然导致经济发展的无力。在这一背景下，新自由主义试图通过削弱社会保障的方式来刺激所有劳动者主动进行持续的人力资源投资，以顺应经济转型的需要和争取国际竞争中的优势。但同时，政府对公共产品的供给出现了明显缺失，结果是社会不平等状况加剧，使得大量低收入人群无法形成有效需求，反过来制约了经济的增长。在知识经济条件下，劳动技能的提升空间被认为是无限的，而这就意味着个体提升自身劳动技能所需的人力资源投资是无限的，在技术革新速度不断加快的前提下，没有哪一个国家有能力帮助其每一位公民最大限度地提升他们的劳动技能。但同时，如果政府只能维持一种非常低水平的社会政策供给，不仅意味着其没能恰当履行公共产品供给的责任，也将无法为知识经济的进一步发展提供充足的人力支持。

　　社会投资模式的兴起就是为了解决以上矛盾。通过将社会关系转化为社会资本，投资型的社会政策可以大大增加社会的投资资源供给。通过将社会关系作为投资资源的分配基础，投资型社会政策被预期可以扭转价格杠杆的排斥效应，从而让投资资源的分配更具有公共性。但同时，社会投资模式也并非毫无缺陷。在逻辑上，社会投资预设了个体知识投资能力的无限性，因而，只要社会能够提供充分的投资资源，每个个体都能不断提升自身的劳动技能，从而成为知识经济发展的积极贡献者。但在现实中，如经济学里的"专用性投资"概念所表明的，个体的人力资源一旦专门化到某一个领域，就很难被再度专门化（R. Rajan & L. Zingales, 1998）。所以，知识经济兴起的一个结果是"工作的终结"（杰里米·里夫金，1998），对大量无法完成知识更新的劳动者来说，永久失业似乎已经成为无法摆脱的困扰，也已成为当代各国面临的一大棘手社会问题。用昂格尔的话说，它带来了一种孤岛式的先锋主义（insular vanguardism），而不是包容性的先锋主义（inclusive vanguardism）（R. M. Unger, 2019）。社会投资模式的另一缺陷在于社会关系本身的封闭性，因此，把社会关系作为社会政策的建构基础很可能产生悖论性的结果。比如，在前面的例子中，即使优生真的被激励去帮助差生，作为一个追求回报最大化的投资者，他会选择去帮助什么样的差生呢？显然，理性的选择是去帮助家庭条件较好、社会关系网络较广的差生，只有这样，他对社会关系的投资才是有效率的。但这么做的结果就是把他和帮助对象间的社会关系变成了排他性的关系，这种关系对他们双方是有价值的，却不能产出它被期望的社会价值。

二　西方国家社区治理的悖论

从公共行政的学科视角来看，凯恩斯主义对应的是典型的福利国家模式，或称社会国家模式，在这种模式中，国家通过供给一个相对完整的社会政策体系而保障了作为一个共享空间的社会的存在。从这个角度来看，社会可以被视为国家的产物，具体来说，是作为社会政策体系的国家的产物。这是一个挑战启蒙政治理论的结论。启蒙政治理论一直强调社会之于国家的先在性，否则就无法推导出主权在民的结论。但在主权归属已经不再成为一个理论问题之后，通过对比凯恩斯主义与新自由主义两种模式，社会是国家产物的结论则更准确地描绘了社会与国家的关系，因为正是新自由主义对国家的攻击造成了罗斯所说的"社会之死"（N. Rose，1996）的现实。就此而言，"社会投资"的概念其实并不准确，因为社会已经从新生成的投资型国家的视野中消失了。这种国家能够看到的是一个个独立的社区，这些社区既是一种居住空间，也是其居民的经济投资，而国家则试图通过鼓励社区居民们做出更有效的投资来增强他们供给集体物品的能力。结果，社区治理成为当代公共行政研究与实践中的一个核心议题，如何平衡社区与社会的关系也成了公共行政理论面对的重要挑战。

　　"社会—国家"的形成包含了在所有社会成员之间寻求某种共享生活的努力，其结果则是通过国家的福利供给来确保所有社会成员能共享某些重要的生活内容。在现代治理话语中，这种共享属性往往被称作公共利益。当一个社会中的确存在普遍的共享生活内容时，我们就认为这个社会中存在公共利益，反之，如果一个社会中没有普遍的共享生活内容，我们就认为这个社会中不存在公共利益。公共利益是对个体利益与群体利益的一种超越。从利益视角出发，利益的实现被视为最重要的价值，因而，无论个体利益还是群体利益得到实现，都是一种有价值的结果。公共利益的观念则试图表明，对社会而言，公共利益能否得到实现是衡量其他所有利益之实现是否有价值的最终尺度。所以，无论个体利益还是群体利益，当其实现无助于促进公共利益时，就是无价值的，只有当其实现促进了公共利益时，才是有价值的。就此而言，基于公共利益的社会建构是为了保障社会作为一个整体能够成为一个有价值的生活空间。但同时，"社会—国家"所基于的公共利益是一个同质性的范畴，在技术上，只有当所有社会成员的福利需求具有相当高的同质性时，统一化的福利供给才是可行的。而一旦社会成员间的需求差异较大，统一化的福利供给就变得低效无能了。这里需要指出的是，20 世纪后期以来社会成员需求的差异化既是一个社会发展的客观过程，因为物质文明的进步必然驱使人们去追求更加多元的价值；

在某种意义上也是一种社会建构,因为市场经济的存续就是建立在对需求的不断制造基础之上(C. Castoriadis, 2005)。所以,以市场化为导向的改革事实上加速了社会成员需求的差异化,也就不断掏空了"社会—国家"的存在基础。

在"社会—国家"结构中,社会代表的是权利,其每一个成员则是可以要求国家满足其福利需求的权利主体;国家代表的是义务,作为公共权力的执掌者,国家有义务回应并在合理限度内满足社会的权利主张。当然,在治理过程中,作为被治理者,社会也负有广义上的服从义务。但在逻辑上,国家的义务与社会的义务是有次序的,其中,国家的义务属于一阶义务或无条件义务,社会的义务则属于二阶义务或条件性义务。二者的关系在于,只有当国家履行了回应和满足社会权利主张的义务时,才会触发让社会履行服从义务的条件,否则,社会就可以正当地拒绝服从。这样一种权利义务关系构成了"社会—国家"结构的实质性内容,也造成了这一结构的内部紧张。这是因为,随着文明的进步,社会的权利主张一定是不断扩张的,对国家来讲,这意味着如果它要不断回应和满足社会的权利主张,就必须进行相应的扩张。问题在于,社会的权利主张是以差异化的方式不断扩张的,国家则只能以统一化的方式来满足得到承认的那些权利主张。结果,在国家耗费了越来越多的公共资源以满足不断扩张的权利主张的同时,却有越来越多的社会成员发现其福利需求无法通过国家得到充分满足。而在文明的进步使得许多社会成员有了更强的能力在国家之外寻找满足自身福利需求的途径的条件下,这些人就会更倾向于选择跳出国家的福利体系,也会逐渐失去对福利国家的支持。正是这样一种紧张赋予20世纪后期以来西方福利国家收缩的内在动力,而在国家始终没能找到能够满足差异化的社会权利主张的办法的前提下,紧缩型治理就逐渐成为常态。

在逻辑上,公共利益并不必然只能是一个同质化的范畴,而是可以与一定程度的差异性相容的。事实上,"社会—国家"内部志愿活动的广泛存在本身就证明了公共利益与差异性的相容性。也正是看到了这种相容性,在"社会—国家"陷入危机后,无论社会还是国家都试图通过在更大范围内和更深层次上促进志愿活动来探索一种更具有差异性的公共利益范畴及其实践方案，而这种探索就表现为社区建构的过程。比如，英国在 20 世纪 90 年代推行的"第三条道路"改革就是一场建构"积极社区"的改革（N. Rose，2001）。在这个过程中，如吉登斯所说，"关键在于要采取既有利于当地社区、又有利于整个社会的方案来利用它们，从而使之服务于更为普遍的社会利益"（安东尼·吉登斯，2000：84）。但从西方国家的情况来看，这一点并未得到贯彻，相反，"在这些国家的社区建设中，政府一直在努力强化社区的伦理特征，而这种伦理特征的核心则是对所有社区居民作为负责任个体的假设"。结果，"所有人都必须在一种被责任化了的社区中学会如何通过正确的投资来为自己、社区、社会以及国家带来回报，然后才能获得在新生成的投资型国家中的公民资格，才能通过在积极社区中的活动享受到国家提供的福利"（张乾友，2019）。由此，社区的发展呈现明显的排斥性，如在居住问题上，某些富有社区会禁止在社区内部建造公寓、出租房或小户型房屋，以阻止低收入群体进入社区（R. Rajan，2019：307）。这样一来，社区的建构和治理就变成了一个肢解社会而不是凝聚社会的过程。

三　走向共建共治共享

在当代中国，"社区建设"的概念首先出现于 1991 年，到 2000 年时，随着中共中央办公厅和国务院办公厅转发《民政部关于在全国推进城市社区建设的意见》，社区建设逐渐成为一项全国性的运动。与西方国家的社区建设始于"社会—国家"的衰落不同，中国的社区建设始于"单位—国家"的退步。从某个角度来看，变单位为社区，是中国为建设"社会—国家"所做的前期准备，其意图是按照社会的结构来改造单位化的生活空间，"通过社区建设营造一种属于社区层面的公共领域"（李友梅，2007），打破单位与非单位的界限，通过脱胎于单位的社区来包容从单位制中释放出来的各种社会构成因素，再通过社的普遍化来打造一个包容性的社会，使社会成为一个共享性的生活空间，并基于这一空间存续的要求来推动国家的转型，"实现政府与社会关系的重构"（徐勇，2001）。另外，中国的社区建设又处于与西方国家相同的全球化进程之中，面临与西方国家类似的挑战。比如，人民群众的生活需求日益多样化、人口结构陷入"未富先老"的困境、技术变革引发劳动力市场的剧烈变革等，已经成为可观察到的现象，也已引发了一些全局性的政策调整。这意味着，当代中国已不可能按照传统福利国家的模式来建设"社会—国家"。但同时，中国的国家性质又决定了我们不可能复制过去几十年西方国家的社区治理模式，不能把社区治理变成国家推卸责任的手段，更不能把社区变成一种新的排斥性空间。在这个意义上，中国的社区建设与社区治理既需要"回归社会"（何艳玲，2013），又不能简单地回归社会。事实上，"共建共治共享"理念的提出已经表明了中国决策层在这个问题上的深度思考。从共建共治共享的理念出发，社区治理的目的是实现共享，而且不是社区范围内的共享，而是社会范围内的共享。当然，这并不是说每一个社区要在它的每一项活动中都把社会共享作为目的，这样做必然会扼杀社区生活的创造性，进而也会使社会生活变得黯然无光。但这的确要求每一个社区在它的每一项活动中都去思考它的活动方式是否有利于社会共享。

比如，每一个社区的居民无疑都希望为本社区的未成年人提供高质量的教育，而要达成这一目的可以有不同的方式。如果一个社区通过价格杠杆把邻近社区的所有优秀教师集中到本社区内的学校，使他们成为本社区居民的专享资源，那么这样一种方式无疑是不利于社会共享的。如果所有社区都这么做，就会将社区变成一个个的堡垒。而如果几个邻近社区能够找到一种办法使得每个社区中的教师在教学水平上都相对较高且大致相当，同时每个学校中教师们的专长还能契合不同社区内未成年人的学习特征，虽然这些社区并没有让这部分教师资源在全社会范围内共享，但它们运用这些资源的方式无疑是有利于社会共享的。不过，显然，单凭这几个社区无法做到这一点。以最极端的情况来说，如果另几个社区通过价格杠杆把这几个社区的优秀教师全部挖走，那么即使这几个社区之间还能做到共享，其也将变成一种无价值的共享，而这同样是不利于社会共享的。就此而言，共享必须以共建共治为前提。在这里，共建是指社区、市场、国家等应当共同提供社区资源。比如，就学校的建设来说，市场与社区自身都可以提供资金，社区还可以通过各种志愿性活动提供充足的社会资本支持，国家则可以提供政策支持与引导。共治是指共同参与社区资源的分配。在学校建设的问题上，社区当然希望拥有优质资源，市场也希望让优质资源产生最大化的市场价值，而国家则需要考虑资源的配置对于社会范围内的教育质量和教育公平的全面影响。只有当社区、市场与国家等多元治理主体都共同参与到社区资源的提供和分配中时，社区资源的共享才是可能的。这也意味着，社区建设不仅是对社区的建设，而且是对社区社会的建设，即以作为地方性的共享空间的社区为组成单元的社会的建设；社区治理也不仅是对社区的治理，而且是对社区社会的治理，其目的是保证所有社区最后能够组成一个社会性的共享空间。在这里，共建是责任，所有治理主体都有责任加入社区社会的资源提供；共治是权利，所有治理主体都有权利参与社区社会的资源分配；共享是利益，只有通过共建共治才能促进所有人的利益共享。通过共建共治共享，所有治理主体将在责任、权利和利益等各个方面获得一种平衡。

西方国家的社区治理存在把社会问题转化为社区问题、把社会责任转化为社区责任、把社会资源转化为社区资源的倾向，对于中国来说，共建共治共享的理念要求我们重理社会与社区的关系，在社会构成要素的意义上理解社区，由此出发寻找社区、社会、市场与国家之间的良性互动模式。还以教育问题来说，只要引入市场机制，那么，对于所有社区来说，通过价格杠杆垄断优质教育资源就是一种符合经济理性的选择。但同时，这会破坏教育资源的社会共享，也会导致国家履行职能的不力。对国家来说，要促进教育资源的社会共享，一种可能的思路是根据不同学校的教育资源质量来反向计算每个学校学生的成绩，比如，A 学校教育资源质量分值为 1，B 学校教育资源质量分值为 0.5，那么，在成绩认定时，A 学校学生的成绩就要乘以 0.5 的系数才能与 B 学校学生的成绩进行比较。通过出台这样的政策，国家可以限制每个社区通过价格杠杆垄断优质教育资源的动机（张乾友，2018）。但就促进教育资源的社会共享的目的来说，只有国家承担政策供给的职能是不够的。比如，在前述政策框架下，不同社区之间比拼"社会资本"的战场就可能从学校之内转移到学校之外，通过争夺优秀教师的业余劳动来重新垄断这部分教育资源。当然，国家可以出台新的政策来解决这一问题，而这又可能引发新一轮的政策博弈。这种博弈不仅会耗费大量社会资源，更会损害国家与社区、社会间的信任关系，而在不信任国家的前提下，各个社区就可能更加倾向于各自为战。所以，从促进社会共享的目的出发，所有社区都需要自觉培育一种合作文化，从这种合作文化出发来规范彼此间的竞争。当这种文化能与政府的政策一道发挥作用时，社会共享的阻力就将最小化。在这个意义上，社区的确需要在社区治理中承担更多责任，但这并不是为了方便国家推卸责任，而是为了与国家一道促进一种社会良俗的形成。只有在存在一种社会良俗的前提下，市场提供给人们的多元选择才有助于凝聚而不是分裂整个社会。

　　社区与单位的一个重要区别在于其中人们的组织方式与活动方式的志愿性。这种志愿性是社会活力的来源。单位制之所以广受诟病，一个重要原因就是它扼杀了人们的志愿性，进而使社会失去了活力。而社区建设运动的一大意图就是培育人们的志愿性，进而激发社会活力。当前，社区居民的志愿性已经得到了较为显著的提升，社区作为一个志愿性的生活空间的存在形态已初步成形。另外，如何进一步发掘这种志愿性的治理潜能与社会功能仍是一个需要进一步探索的问题。从过去几十年的实践来看，西方国家对社区居民的志愿性进行了一种工具性的使用，主要是利用社区居民的志愿劳动来弥补劳动力市场与福利供给中的人力缺失。对中国来说，在人口结构已经发生重大转型的前提下，对志愿劳动这种重要资源的工具性使用在短期内是以较低的社会成本来推动社会转型的一种可行策略。但如果国家仅仅在工具的层面上使用志愿劳动，就将破坏这种资源本身的再生产能力，也将把大量社区居民排斥在更广阔的社会共享之外。要解决这一问题，国家需要与市场、社区以及社会一道探索志愿劳动的价值生产机制，让志愿劳动能够产出更加多元的社会价值，让志愿者能够通过对社会价值的生产加入更广阔的社会共享之中，并通过这种共享来进一步地再生产其志愿活动。在这个方向上，社区与国家有紧密的共同利益，从而使社区有更强的动力加入国家的治理活动，也使国家有更强的动力来为社区的志愿活动创造更广阔的行动空间。进而，国家引导和规范下的志愿活动就将成为社区社会的黏合剂，也将通过推进社区社会的形成而促进社会范围内的利益共享。

当社区治理在共建共治共享的理念下展开时，人民群众差异化的生活需求获得了多元化的满足途径，国家面对的资源约束难题则通过社区、市场等其他治理主体的补充而得到了有效化解。社区居民的志愿活动在国家的引导下可以延伸至整个社会，使社区的差异化供给与国家的统一化供给之间可以形成紧密的互动，从而使基于差异性的公共利益成为可能，也使"国家元治理"与社区治理等新的治理技术达成协调（吴晓林、郝丽娜，2015）。最终，社区将成为个体与社会之间的纽带，而建立在社区社会基础上的"积极国家"则将成为人民群众通往美好生活的强有力保障。这样一种社区治理将成为中国为当前全球性的治理转型所做出的独特贡献。

参考文献：

何艳玲，2013，《"回归社会"：中国社会建设与国家治理结构调适》，《开放时代》第3 期。

安东尼·吉登斯，2000，《第三条道路：社会民主主义的复兴》，郑戈译，北京大学出版社。

杰里米·里夫金，1998，《工作的终结——后市场时代的来临》，王寅通等译，上海译文出版社。

李友梅，2007，《社区治理：公民社会的微观基础》，《社会》第2 期。

徐勇，2001，《论城市社区建设中的社区居民自治》，《华中师范大学学报》（人文社会科学版）第3 期。

吴晓林、郝丽娜，2015，《"社区复兴运动"以来国外社区治理研究的理论考察》，《政治学研究》第 1 期。

张乾友，2018，《作为合理偏狭的公共性——兼论现代治理的价值导向》，《国家行政学院学报》第 5 期。

张乾友，2019，《"社会之死"与"通过社区的治理"的形成——对西方社区治理实践的反思性考察》，《南京社会科学》第 5 期。

C. Castoriadis, 2005, *The Imaginary Institution of Society*, Translated by Kathleen Blamey, Cambridge: Polity Press.

R. Rajan, 2019, *The Third Pillar: How Markets and the State Leave the Community Behind*, New York: Penguin Press.

R. Rajan & L. Zingales, 1998, "Power in a Theory of the Firm", *The Quarterly Journal of Economics*, (2).

N. Rose, 1996, "The Death of the Social? Re-figuring the Territory of Government", *Economy and Society*, (3).

N. Rose, 2001, "Community, Citizenship, and the Third Way", In D. Meredyth & J. Minson eds. , *Citizenship and Cultural Policy*, London: SAGE Publications.

R. M. Unger, 2019, *The Knowledge Economy*, London: Verso.

Community Governance in the Context of the Transformation of Social Policy Mode

Zhang Qianyou

Abstract: The transformation of social policy model results in the rise of community governance. The Keynesian social policy mode emphasizes the supply of public goods dominated by the state, while the new liberalism social policy mode emphasizes the supply of public goods dominated by the market. However, neither of them can solve the complex problems faced by people living in the contemporary society, so it gives way to the social investment mode which emphasizes the supply of public goods based on the community, and then gives birth to the contemporary community governance. The practice of community governance in the West creates the opposition between community and society. In China, community governance should adhere to the principle of co-construction, co-governance and sharing, and make efforts to balance the relationship among multiple subjects.

Keywords：Social Policy；Keynesianism；Neoliberalism；Social Investment；Community Governance

《地方治理评论》2019 年第 2 期
第 133～152 页
© SSAP，2020

企业参与邻避治理研究

——基于国内外 21 个典型案例分析

邵任薇　王玉婧*

摘　要：随着我国城市化不断发展，邻避类公共基础设施建设也在不断增加，此类本能够为社会带来巨大经济效益和改善人民生活的工程，由于具有邻避属性，不可避免会对周边社区造成一定影响，而随着当前社会公众权利意识的不断增强，邻避设施建设常常受到公众的强烈反抗。本文通过选取国内外典型案例，从直接利益者——企业角度进行分析，明确企业在规划选址、施工建设和经营监管三个阶段参与邻避治理的角色和方式，以及应发挥的作用。在此基础上分析企业在邻避治理中发挥作用所面临的困境，并从对外和对内两方面来寻求有效解决邻避冲突的途径。

关键词：邻避设施；邻避治理；企业参与

一　问题的提出

从 1978 年改革开放至今，中国城市化率已达到 58.52%（国家统计局，2018），伴随而来的是为满足城市化和经济发展的需要，政府加快修建大型

---

* 邵任薇，广东外语外贸大学广东省社会组织研究中心副主任、教授；王玉婧，广东外语外贸大学硕士研究生。

公共工程的步伐。然而，这些公共设施多会对周边环境造成不良影响，引起周边公众的不满与抵触，进而产生剧烈冲突，因此这些设施也被称为邻避设施（NIMBY facilities），即虽对社会整体公共利益具有必要性和重要性，但具有一定潜在危险（环境污染、健康危害、心理不适等），并且只会影响周边公众的设施。近年来，邻避事件频繁发生，影响程度不断加深，冲突矛盾不断加剧，导致工程项目搁浅、社会资源极大浪费，影响周边居民的正常生活。另外，群体性事件往往代价大、耗时久、成效低，不仅公众难以争取合法权益，而且对社会维稳与政府管理构成威胁，最终导致政府、企业和公众三方皆输的局面。

政府作为国家管理的主体，以保护公民财产安全、维护社会稳定为基本职责，通常被认为是解决邻避冲突的首要主体。在应对和处理邻避事件时，政府处于建设邻避设施并稳定公众情绪的两难境地，其中自上而下的维稳压力更是导致当前由政府主导的邻避冲突治理模式存在诸多问题：首先，政府常过度依赖行政强制力，往往未与相关利益主体沟通便出台选址方案，难以满足公众诉求，不利于邻避冲突的深层次解决；其次，群体性事件爆发后，政府出于维稳考虑通常采取控制手段或一味退让，一方面导致政府公信力下降，另一方面公民的模仿性抗争导致了更多邻避对抗事件爆发。

由于政府在邻避治理中面临的结构性压力以及公众满意压力难以在短期内化解，因此，为了有效控制并解决邻避冲突、弥补政府在邻避治理中的缺陷、提升邻避冲突的治理效果，需寻求政府部门之外的利益主体参与邻避冲突治理。作为直接参与邻避设施建设的市场主体，企业具有一定的自主性和专业性，在邻避治理中可以承担不同于政府的责任，一定程度上弥补政府职能的缺陷，提升政府治理的效果。政府与企业作为邻避项目的主导方，若能实现有效合作，将有助于缓解行政部门的治理压力，与公众实现良性互动，从而在建设邻避设施与解决公众不满问题之间找到平衡点。

然而，当前企业在公共问题的预防、治理和解决方面多处于无作为状态，面对由邻避设施建设引起的群体性事件，常躲在政府后面，没有充分承担企业社会责任（corporate social responsibility）。但企业作为邻避设施的直接建设者，其行为结果应更注重规范性和正确性，在邻避治理中充分承担社会责任是企业对各利益相关者履行的义务（Deborah Doane，2011：82），其扮演着不可或缺的角色。

目前，在邻避设施建设中，地方政府往往扮演垄断权力主体角色（陈宝胜，2015），为谋求属地经济发展，政府往往对企业的建设行为选择性漠视（吴烽，2018），同时由于大多数企业都存在自身技术标准偏低、监管不到位等问题，企业在获得项目入驻权（周春晓，2018）后缺乏对周边公众利益诉求的关注（黄小勇，2010），将邻避设施规划选址的决策封闭在政府和企业之间，故意隐瞒部分风险信息，促进有利于自身利益的决策出台（埃里克·A. 诺德林格，2010）。

结合国内外案例来看，当前企业在邻避矛盾爆发后普遍躲在政府后面，认为冲突原因与企业无关，自身仅承担建设与运营风险，也不会主动采取措施化解冲突，反而可能激化政府与公众之间的矛盾（简文坤，2017）。此外，在涉及公共设施建设的 PPP 项目中，企业可能利用政府对市场行情认知不足的情况抬高建设价格，延长政府与企业的谈判时间、积累公众的愤怒情绪，最终导致邻避问题一发不可收拾（张娟、娄文龙，2018）。

目前学界对企业主体的系统性分析较少，相关研究成果多散落于一些文章中，一般认为责任冲突是导致邻避事件爆发的关键原因和影响危机解决的主要因素（Michael Dear，1992）。如果企业不过分追求利益最大化，愿意承担社会责任（张昊希，2018），如重视公众的呼声（陈澄，2010），公开项目程序与风险、开放邻避设施（王晓飞，2019），完善企业补偿机制（方成贤、董兴玲、龚光辉、姜宗顺、高虹、江晶，2009），提供补偿性服务（徐云，2015）等，便可以在一定程度上缓解邻避矛盾，从而解决邻避设施建设中产生的邻避问题。

尽管部分学者已经注意到企业在解决邻避冲突中应承担一定的社会责任，但对于企业如何有效化解矛盾仍需要全面探讨。针对当前对这一议题研究的不足，本文将重点研究企业在邻避治理中的责任和作用，并分析当前企业面临的困境并探讨如何解决，使企业达到参与邻避治理的最优效果，并致力于解决如下问题。

第一，邻避冲突涉及多方利益主体，要想实现有效合作，企业应扮演怎样的角色才能发挥最大效用？如何与其他利益主体实现良性互动与互补？

第二，企业参与邻避冲突治理的作用能否有所扩展？从广度来看，企业往往只参与带来负向外部效应的邻避项目建设，其是否有参与能够带来正向外部效应的社区建设的可能性？从深度来看，企业是否可以进一步参与邻避冲突的事前预防与事后管理？

第三，在当前邻避冲突案例中，企业已发挥了怎样的作用？企业在邻避治理中是否能够化解矛盾？在治理中是否会造成不良影响？企业在当前治理体系中面临的困境是什么？如何才能有效克服？

二 企业参与邻避治理分析：基于国内外 21 个典型案例

通过对 2002～2017 年有关企业参与邻避事件的案例进行整理和分析，最终选取 21 个典型案例，包括境内案例 16 个和境外案例 5 个；省州级案例 5 个，市县级案例 11 个，社区级案例 5 个；污染类邻避事件 5 个，风险积聚类邻避事件 12 个，污名化或心理不悦类邻避事件 4 个；成功案例 9 个，失败案例 12 个（见表 1）。

表 1 2002～2017 年 21 个邻避事件案例

案例类型	境内外		案例级别			邻避设施类别			成功与否	
	境内	境外	省州级	市县级	社区级	污染类	风险积聚类	污名化或心理不悦类	成功	失败
个数	16	5	5	11	5	5	12	4	9	12

（一）企业参与邻避治理的类型与阶段

1. 企业参与邻避治理的类型

本文运用罗布·范图尔德（Rob van Tulder）教授研究得出的企业履行社会责任（CSR）的四大类型（见表2）对企业在邻避治理中履行的社会责任进行分析。

表 2　企业履行社会责任的四大类型

	不积极型	反应型	积极型	主动—互动型
责任类型	经济责任	法律责任	社会责任	社会持续发展责任
行为方式	"将事情做对"	"别把事情做错"	"做对的事情"	"把对的事情做对"
行为准则	实用主义	现实主义	理想主义	实用理想主义
行为目的	功利动机，利润最大化	消极责任，满足企业利益	积极责任，保持长期盈利能力	交互性责任，谋求中期盈利能力和可持续性发展
应对态度	冷漠	服从	正直	道德
责任导向	经济责任——→社会责任 财富导向——→福利导向			

由于企业的本质属性是追求利益最大化，且企业追求的是短期收益，对于其经营过程中产生的负外部性，企业被迫服从社会规范的约束，在社会形成的强大舆论压力下承担责任，这种被动承担社会责任的方式致使企业多采取漠视或消极应对的态度，这也蕴含着企业经营风险和道德风险。

相反，如果企业自觉主动承担起社会责任，表明企业更多站在企业战略的角度分析问题，关注的是长期盈利能力和可持续性发展，通过提升企业形象、改善企业外部关系、赢得竞争优势的方式实现企业持续经营。因此，本文进一步将企业参与邻避治理、履行社会责任的类型分为"由内向外"的主动参与型和"由外向内"的被动参与型（见图1）。

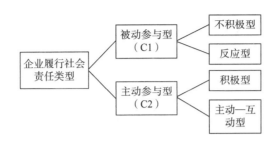

图 1　企业履行社会责任类型

在选取的 21 个案例中，企业被动参与的案例居多，共 12 个，参与程度均处于中低水平，且失败比例达到 91.7%。而与此相对的是，当企业主动参与邻避冲突时，较高的自主性促使其愿意充分参与，而且参与效果也较好，有 88.9% 的企业有效解决了邻避冲突（见表 3）。

表 3　企业参与邻避治理类型与参与程度和参与效果的关系

参与类型	参与程度			参与效果	
	高	中	低	成功	失败
被动参与	0	5（42%）	7（58%）	1（8.3%）	11（91.7%）
主动参与	3（33%）	5（56%）	1（11%）	8（88.9%）	1（11.1%）

根据研究选取的 21 个案例可以发现，在面对污染类邻避设施建设时，由于其对公众的危害显而易见，因而企业主动参与程度高于被动参与，而在面对风险积聚类、污名化和心理不悦类邻避设施建设时（Deborah Doane，2011：82），风险常不易被发现，此时企业多采用被动式参与（见表 4）。

表 4　企业参与邻避治理类型与邻避设施类别的关系

参与类型	邻避设施类别						总计
	污染类		风险积聚类		污名化或心理不悦类		
	案例个数	百分比	案例个数	百分比	案例个数	百分比	
被动参与	2	9.5%	7	33.1%	3	14.3%	57%
主动参与	3	14.3%	5	24%	1	4.8%	43%
总计	5	23.8%	12	57.1%	4	19.1%	100%

2. 企业参与邻避治理的阶段

参考斯蒂文·芬克的危机生命周期理论划分企业参与的不同阶段，分别是征兆期（Prodromal）、发作期（Breakout）、延续期（Chronic）和痊愈期（Resolution），并将其与企业项目实施相结合以确定企业参与邻避冲突治理的阶段（见表5）。

表5　企业危机生命周期理论的三个阶段

邻避冲突事件的不同阶段			特点
第一阶段	规划选址	危机征兆期	危机处理最容易也最不为人所知的阶段
第二阶段	施工建设	危机发作期	时间短但对人们心理造成的冲击最为严重
		危机延续期	时间较长，若危机管理运作恰当，将会极大地缩短这一阶段的时间
第三阶段	运营监管	危机痊愈期	从危机中完全解脱出来，但仍须警惕危机复发

根据邻避冲突发生的三个阶段进行分类研究，我们发现在研究选取的21个案例中，每个阶段企业与公众的互动水平都远高于企业与政府的沟通水平。企业与其他社会主体沟通比例的大小，可以从侧面反映出企业在不同阶段最注重处理的关系。在规划选址阶段，企业主动与公众沟通的比例（38.10%）略高于政府。值得注意的是，企业在运营监管过程中与公众、政府的沟通比例严重失调，与政府主动沟通的比例仅占14.29%，而主动与公众沟通的比例达到最高值（47.62%），这反映出企业对事后监管中的公众反应较为重视。此外，企业在施工建设阶段主动参与邻避冲突治理的比例较高，达到40.48%；而企业主动参与运营监管的比例最低，仅为30.96%（见表6）。

表6　企业参与邻避冲突阶段与参与类型的关系

		企业参与类型		主动参与比例	
		主动参与	被动参与		
规划选址	政府	7	14	33.33%	35.72%
	公众	8	13	38.10%	

续表

		企业参与类型		主动参与比例	
		主动参与	被动参与		
施工建设	政府	8	13	38.10%	40.48%
	公众	9	12	42.86%	
运营监管	政府	3	18	14.29%	30.96%
	公众	10	11	47.62%	

（二）企业参与邻避治理的角色与方式

为了明确得出企业参与邻避冲突的角色和方式，本文对 21 个案例进行了重新整合，力图通过分析各案例中企业所扮演的角色以及各角色中企业的参与方式找到企业在邻避冲突治理中应当承担的责任和采取的措施。

1. 企业参与邻避治理的角色

针对企业参与邻避冲突治理的作用，本文将从企业的承担角色、参与程度、作用效果三个方面进行分析。在参考其他学者研究成果（张昊希，2018）并进行案例整理后，将企业的角色分为以下六类（见表7）。

表 7　企业在邻避冲突中扮演的角色及责任类型

编码	扮演角色	主要职责	责任类型
R1	信息沟通者	公开重要信息、沟通群众意见、反馈项目信息	道德责任
R2	环境保护者	改善生态环境、维护社区环境、促进身心健康	环境责任
R3	利益协作者	带动经济发展、加速社区建设、提供就业机会	社会责任
R4	形象建设者	建设环保文化、营造公关舆论、提高社会信任	发展责任
R5	内部创新者	推动科技创新、提高工作效率、创新内部制度	
R6	政策协调者	协助政策实施、推动政策改革、完善相关政策	法律责任

本研究对 21 个案例总结分析发现（见表8），企业参与邻避冲突时扮演的六大角色都对成功调解邻避冲突有重要作用，而且企业在邻避事件中扮演的角色越多样、承担的社会责任越重，越有利于成功解决邻避冲突。

表8　企业参与邻避治理的角色与方式

	成功案例中企业扮演的角色					
	信息沟通	环境保护	利益协作	形象建设	内部创新	政策协调
1	座谈会、专家分享会、公开数据、定期参观、修正选址区	严格控制污染物排放值	利用垃圾焚烧厂的余热建游泳馆	外形美化	自动化监控空气预热器	配合政府行动
2	科普知识、公开信息、建立回馈机制	专家参与严格的环保标准	社区绿化、免费提供恒温游泳馆和灯光球	建设内部环保文化	—	友好睦邻政策
3	组织论证会、问卷调查	提高项目设计标准	改善社区环境	业内声誉良好、重视花园式厂房设计	—	政府专业依靠
4	组建专门的工作小组对居民诉求进行调研评估	—	为社区学校提供长期干净饮用水和医疗卫生设施	—	—	掌握政府诉求
5	走访宣传、定期开放、问卷调查、召开座谈会、信息公开、媒体合作、答疑解惑	致力于打造最美核电站，保护周边生态环境	建设科普公共设施并参与当地社区公益活动	培育"安全第一、质量第一"的企业文化，注重品牌建设	注重自我研发，"华龙一号"百万千瓦级压力堆核电技术	政府专业依靠
6	信息公开、给予公众极大发言权	尽量避开生态脆弱层并进行全方位环境监测	为美国工人提供大量建筑业就业机会	—	积极改良油砂提取技术	—
7	—	—	提高经济补偿款；扩大拆迁征地范围	—	—	与政府积极合作，采取紧急措施
8	张贴公告、开座谈会、问卷调查、告知风险、参观现场、宣传手册、答疑解惑	环保投资	—	网络宣传、坚持发展绿色PX	制定内部反馈评价标准	应急处置预案、完善工程评估机制

续表

	成功案例中企业扮演的角色					
	信息沟通	环境保护	利益协作	形象建设	内部创新	政策协调
9	信息公开、密切互动、表达利益	—	影响社区的文化氛围和建筑景观，抬高社区房价	因地制宜地建设特色景观模式，取得公众信任	—	政府规范管制
总计	8 88.89%	6 66.67%	8 88.89%	6 66.67%	4 44.44%	8 88.89%

失败案例中企业扮演的角色

	信息沟通	环境保护	利益协作	形象建设	内部创新	政策协调
1	隐瞒信息、态度强硬	重金属项目，对环境污染造成威胁，无环保数据	政企获益，公众承担风险，利益分配不均	隐瞒安全信息，导致公众高度怀疑该项目的安全性	没有改进自身技术	政企利益相关，相互包庇
2	隐瞒信息、未公开风险、沟通不足	排海工程入口下游为青草沙水库，引起海水水源污染	—	曾发生篡改数据行为，公众不信任	没有改进自身技术	躲在背后
3	隐瞒信息、无数据支持	对满足环保要求的说法拿不出数据说明	主张全地下建设并进行建筑形态和绿化美化，但无证据证实能取得效果	既拿不出科学数据论证项目技术合理，也无法对涉及的利益进行解释，严重损害公众信任	没有改进自身技术	相互包庇，利益相关
4	隐瞒信息、排斥来访	造成严重的环境污染	—	未实事求是，降低信任度	没有改进自身技术	政企包庇
5	未听取公众意见、态度强硬、隐瞒信息	—		失去公众信任	没有改进自身技术	躲在背后，支持政府
6	信息隐瞒、风险预估不足，解释无说服力	核燃料加工，影响周边公众健康	—	抗议后的声明机械地强调项目绝对安全，难以取得公众信任	没有改进自身技术	—

续表

	失败案例中企业扮演的角色					
	信息沟通	环境保护	利益协作	形象建设	内部创新	政策协调
7	拒绝专家、隐瞒信息、信息传播渠道单一、单向宣传、公示"走过场"	—	—	质疑"暗箱操作""操纵舆论"	没有改进自身技术	置身事外
8	隐瞒信息	对环境造成严重污染	—	失去公众信任	没有改进自身技术	相互包庇，未通过环评就签订了合同
9	漠视公众知情权，放任网络谣言，无项目详细情况说明	—	把对企业的利益强调在地方和公众利益之前	失去公众信任	没有改进自身技术	政企之间"私相授受"
10	隐瞒信息，无规划、审批、公示	—	墓地影响附近居民生活	—	—	政府无作为
11	无说明、无调查勘测、沟通不足	—	拉低周边小区房价	—	—	政企合作手续不全
12	隐瞒信息、风险评估不足	—	—	企业仅关注自身利益，后期重新建设更是引发强烈不满	—	躲在背后，相互包庇
合计	12 100%	6 50%	5 41.67%	10 83.33%	9 75%	11 91.67%

　　经过对企业参与邻避冲突治理的角色和其最终效果的分析，发现信息沟通者是企业十分注重扮演的角色，成功参与冲突解决的企业中该角色发挥的作用占 88.89%，而未成功扮演该角色的企业均以失败告终，足以看出该角色对企业成功参与邻避冲突事件解决的重要性。此外，在 12 个失败案例中，有 91.67% 的企业未履行好政策协调的责任，而在成功案例中这一比例与信息沟通者持平，占 88.89%，说明企业与政府之间的良性互动是企业成功解决邻避冲突的重要因素。同时对 21 个案例的企业参与度分析，目前企业注重信息沟通和政策协调，而参与内部创新的程度较低，在成功的案

例中仅有44.44%的企业参与内部创新。最后，环境保护和利益协作在成功案例中占比较高，其对于企业形象建设具有重要影响。

与此同时，经过对21个案例分析后发现，在企业和政府的关系中，企业主要扮演信息沟通者、政策协调者的角色，主要集中在规划选址阶段，而在施工建设和运营监管中企业扮演的角色水平都较低。与之对应，企业十分积极参与并处理公众关系，在每个阶段都扮演了多样的角色，主要集中在信息沟通、利益协作上，充分获得公众支持和理解。

2. 企业参与邻避治理的方式

本文对21个案例总结分析发现（见表8），在信息沟通方面，由于政府多依赖于企业的专业性，企业拥有一定程度的自主权，可以通过建立风险预估机制，与政府之间共享信息和合理分工，成功举办相关科普宣传活动并向公众有效传递项目风险信息，而如果企业隐瞒项目相关重要信息和风险数据，漠视公众的知情权，势必会引起公众的强烈不满，导致邻避冲突一发不可收拾。此外，企业多采用调查问卷等方式了解公众的利益诉求，并据此对项目选址做出修正，同时对公众存在的疑惑进行解答说明，通过发放宣传手册、开放工厂等方式促进公众对项目的了解，从而消除误解，推动项目顺利进行；与之相反，一旦企业采取强硬态度应对邻避冲突，放任网络谣言并拒绝与公众沟通，有超过90%的概率会导致邻避冲突无法得到有效解决，影响项目落实。

针对污染型和风险积聚型邻避设施建设项目，企业的内部创新，包括改良现有技术、制定反馈标准等行动对于解决邻避冲突较为有利，相反，不进行自我创新的企业难免使政府和公众对其发展前景感到担忧，对其现有技术是否适用存在质疑。此外，在本文选取的成功案例中企业多引入专家参与，制定严格的环保标准并严格执行，而企业如果不公开相关环保措施和污染数据，一味加大开发力度，影响周边生态环境，极有可能导致项目失败。

在本文选取的案例中，企业多通过向周边社区提供免费公共基础设施（如游泳场、医疗卫生设施）、提供大量就业机会、提高经济补偿款等方式减少公众的不满情绪，从而在利益协作方面发挥作用。而如果企业将自身利益完全放在地方和公众利益之前，对周边公众所承担的风险置之不理，极易引发公众的不满。

同时我们应当意识到品牌形象对于企业成功参与邻避冲突治理的重要作用，业内声誉良好并且内部坚持安全、质量和环保的企业更易受到政府和公众青睐，而隐瞒安全信息，曾发生不良行为、未实事求是的企业往往会失去公众信赖，这对成功解决邻避冲突较为不利。

关于政企关系，根据本文选取的案例可以发现，政企之间友好合作、相互信任并且合理分工，不仅可以提高办事效率，而且能够有效消除误解，促进项目实施。而相互包庇、利益腐败等行为只会让公众认为政企相互勾结，损害其利益，从而加剧矛盾。

此外，当前企业在解决邻避冲突时，在信息公开、相互沟通等方面的措施较多，而在技术更新、风险预估、社区共赢、提高企业声誉等方面的措施仍然较少，难以充分发挥企业这一市场主体的作用，同时企业也应当重视参与环境保护的方式。

（三）企业参与邻避治理的作用分析

企业参与邻避治理的作用按照"成功"与"失败"进行衡量，其中成功包括顺利完成（一次性完成）和曲折完成（不可抗力等其他原因导致项目曾搁浅），最终失败则包括重新选址、停止运营、项目暂停等三种可能。

通过对邻避设施类别、企业沟通对象和参与程度进行分析，发现在企业成功参与邻避冲突治理的案例中，风险积聚类邻避设施占大约一半，污名化或心理不悦类邻避设施占比较小，同时这一类别的失败率较高（75%），表明其解决难度大，也不能为存在类似问题的企业提供较多的经验。与此同时，由于污染类邻避设施影响较大，企业关注度较高，因而在多年的建设中总结出大量经验以供同业参考，项目成功率可以达到60%，而风险积聚类邻避设施则处于两者之间，成功解决邻避问题的占比在42%

左右，仍有较大的发展空间。

从沟通对象角度分析，当前企业与政府和公众沟通的成功率都较低，均不到40%。从参与程度上看，企业参与程度越高，解决邻避冲突的成功率越高，参与程度较低的企业虽也有解决问题的可能，但仅有13%的成功率（见表9）。

表 9　企业参与邻避冲突的作用分析

单位：个，%

	设施类别			沟通对象		参与程度		
	污染类	风险积聚类	污名化或心理不悦类	政府	公众	高	中	低
成功	3	5	1	7	8	3	5	1
失败	2	7	3	14	13	0	5	7
成功率	60	42	25	33	38	100	50	13

三　企业参与邻避治理面临的困境及其应对

根据对21个邻避冲突案例分析发现，目前企业参与邻避冲突治理面临诸多内外部困境，而这些问题并不是仅凭企业的力量就能够轻易解决的，需要社会各界有效合作，共同面对。

（一）企业参与邻避治理面临的困境

1. 外部困境

（1）政府公关占比过高

当前，为了建成一个大型炼化项目，相关企业不仅需要获得中央政府诸多部委如国家发改委、国家能源局、国土资源部、环境保护部等批准，还要获得项目所在地各级地方政府相关部门的背书，涉及的政府机关多达数十个。而且，从项目规划选址到运营监管，就需要从第三方智库进行公开的科学论证、专家风险评估、环境影响评估，到项目建设批复、试生产，再到最后竣工验收，繁杂的手续使企业面临繁重的政府公关压力。为了解决与政府之间的各种问题，企业自然无暇顾及公众意见，难以及时有效地与公众进行沟通。此外，企业出于成本考虑在政府公关与社会公关之间权衡，自然选择更有助于项目建成的政府公关，而且这种长期的政府公关主导模式导致企业缺乏与公众沟通的能力，致使公众意见长期被忽略，难以得到足够的重视，进而引发严重的邻避问题。

政府应当在保证相关评估工作有效进行的同时提高工作效率，如通过减少审批工作中的无效环节、杜绝政府腐败、运用自动化和人工智能技术提高评估科学性、建立全国信息共享系统等措施减少企业维护政府公关的成本，同时积极与企业进行合作，共同向公众传递有效信息，减少公众误解，从而在源头上规避邻避冲突的发生。

（2）公众对政府和企业的经验性不信任

企业作为邻避设施建设中的直接利益方、政府作为企业行动的支持者，存在官商创租寻租、腐败行贿和利益输送的可能，再加上近年来邻避事件的报道日增，这往往会导致公众对政府和企业行为产生经验性不信任，并有强烈的抵触情绪。当项目建设影响到其生活环境时会更容易遭到抵抗，而我国当前大量企业为了自身利益隐瞒信息，或者认为公众缺乏相关专业知识而选择回避、沉默，这些举动更是强化了这种不信任，放大了建设项目的邻避效应。

2. 内部困境

（1）技术创新动力不足

仅从本文选取的 21 个邻避案例中就可以发现当前企业技术创新动力不足。企业进行创新的前提是新技术可以降低企业目前的成本，带来更高的收益，而当前我国邻避设施建设中企业间竞争力普遍不足，缺乏足够的创新激励，导致企业内部创新动力不足，无须进行创新也可以通过其他方式降低邻避冲突爆发的可能性，获得较高的收益。

（2）利益导向固有缺陷

由于企业的"利己"特性，自然与"利他"存在矛盾和冲突，企业天然缺乏采取社会责任的内在动机（张衔、谭克诚，2011），因此每当企业逐利行为与社会责任行为有冲突时，企业常倾向于采取不承担社会责任行为，这可以解释为什么在邻避冲突发生后企业常不主动发声，而是躲在政府背后。再者，有的企业会一边致力于慈善事业，一边继续生产对社会和公众有害的产品或污染环境。可以说，企业从根本上与所有利益主体都存在矛盾，不仅和政府之间存在税收缴纳的矛盾，与公众在就业、收入等方面也存在利益冲突。

对此，我们不能过分苛责企业追求经济利益的本质，而应该在全社会树立符合经济理性的企业社会责任观念，社会需要企业承担社会责任，但也不能期待企业承担全部的社会责任。

（二）企业有效参与邻避治理的途径

1. 对外途径

（1）重视发展企业公关

针对企业的主要精力过多放在政府公关，而无暇顾及与社会公众沟通的问题，既需要政府转变职能、优化工作流程、提高工作效率，也需要企业逐步重视企业公关。企业公关强调企业在运营过程中应与社会和公众加强信息交流和行为互动，以此增进社会和公众的理解、信任和支持，进而推动企业与社会协调发展。

企业应意识到在邻避设施建设中公众意见的重要性，与公众建立良好关系，并且在群体性事件爆发前后积极主动地与公众进行对话沟通，而不是仅依靠政府力量解决问题。

（2）阶段性应对潜在风险

根据上述研究我们发现，政府和公众在邻避设施项目建设的不同阶段对企业有不同的利益诉求，企业应分别明确各阶段的工作方向和应重点处理的社会关系，从而实现分阶段、分步骤地完成项目建设。

在规划选址阶段，政府关注企业项目是否环保、是否符合城市规划方案、是否符合安全质量标准，而公众则关注该项目对周边环境会产生多大的影响，因而在此阶段，企业应当加大信息公开力度，积极与大众媒体合作引导社会舆论，同时加大科普工作力度，以避免因公众误解而产生邻避冲突。在施工建设过程中，不可避免会对周边环境造成一定污染或对周边社区造成不良影响，此时企业应当更重视与公众之间的沟通，及时披露项目进程有关信息，与政府合作缓解公众抵触心理，同时明确风险及企业将采取的措施，取得公众信任。最后，在运营监管环节，应注重缓和与周边社区的关系，对造成影响的周边环境进行修复绿化，对周边社区进行经济性补偿或参与公益活动等，预防冲突爆发。

（3）寻求外部主体的协助

当前公众对政府和企业缺乏信任，即使企业采取有利于公众的措施也未必能得到理解，因此应引进第三方——社会组织，其作为独立、专业的第三方参与邻避冲突治理，可以在认知调解、理性引导和动员参与方面发挥积极作用，从而赢得公众支持，助力项目完成。

为此，企业可以积极主动联系优秀的社会组织并展开合作，在明确社会组织活动的规则基础上，利用社会组织的协调功能，提升缓解冲突的水平；企业与社会组织友好沟通，共同制定最符合企业目标和社会利益的方案，形成常态化合作模式。

2. 对内途径

（1）完善风险管理体系

风险管理应当贯穿邻避设施建设项目的全过程，在事件发生之前，企业应制定项目风险应急计划，对前期的风险进行了解把控以防范其出现。当公众感受到邻避会造成的危害时，企业应当及时向公众解释说明邻避设施的安全性和合理性，对公众担忧的各类问题一一解答，同时关注舆论环境，避免公众受舆论误导而导致邻避冲突加剧。最后，在项目结束后，企业要与周边社区进行沟通走访，避免新的风险出现，危及邻避设施。

（2）合理借鉴成功经验

邻避项目建设的企业应时刻以虚心的态度学习其他企业的成功做法，同时与本地项目相结合，为自身成功解决问题提供路径，但也要注意不同成功经验的适用性，避免盲目借鉴最终导致情况恶化，如在某项目中，虽然企业意识到了邻避风险，并启动了协商治理，但由于其与政府合作不融洽，且未真正切实地考虑公众利益，项目最终还是失败。

四　结语

对于中国城市化进程中无法避免的邻避冲突，学者们一直致力于研究在当前政府治理面临难关、公众信任度下降的背景下，如何实现邻避治理，即在国家能力和自主性式微的趋势下如何应对公众逐渐提高的社会"自主性"，以解决这两者的矛盾，从而化解邻避困境。其中，政府一直处于疲于应付的状态，鲜有成功的案例。而企业作为非常重要的邻避主体和多元利益主体的一员，是解决邻避冲突非常关键的一环，但作为研究对象尚处于缺位状态，这显然在当前丰富的邻避治理研究中是需要加强的。企业参与邻避治理的角色和方式、发挥的作用、当前面临的困境以及如何摆脱，这都是企业参与邻避治理需要解决的问题，本文对此做了一些尝试。在邻避现象和邻避冲突常态化的今天，如何让企业与政府、公众实现良性互动和合作治理，缓解邻避效应，会是今后很长一段时间内的研究主题。

由于这 21 个案例是针对不同类型的邻避设施所选取的较有代表性的国内外案例，并非完全随机得出，同时未充分结合全国各地政策差异进行分析，因而不足以全面概括企业在邻避冲突中的具体情况，结果仍需进一步研究。

当前中国的邻避冲突主要集中在污染类和风险积聚类邻避设施建设，如垃圾焚烧厂、PX 项目等，而对于污名化或心理不悦类邻避设施，如养老院、大型酒店、殡仪馆等特殊性邻避设施研究涉及较少（高新宇、秦华，2017），而这类邻避冲突也不在少数，且多数以失败告终，如何解决这类邻避冲突是今后可以重点研究的方向。

参考文献：

陈宝胜，2015，《从"政府强制"走向"多元协作"：邻比冲突治理的模式转换与路径创新》,《公共管理与政策评论》第 4 期。

陈澄,2010,《邻避现象及其应对》,硕士学位论文,华东政法大学。

方成贤、董兴玲、龚光辉、姜宗顺、高虹、江晶,2009,《垃圾焚烧厂的环境补偿机制探讨》,《环境工程》第 S1 期。

高新宇、秦华,2017,《"中国式"邻避运动结果的影响因素研究——对 22 个邻避案例的多值集定性比较分析》,《河海大学学报》(哲学社会科学版)第 4 期。

国家统计局,2018,《中华人民共和国 2017 年国民经济和社会发展统计公报》,http://www. stats. gov. cn/tjsj/zxfb/201802/t20180228_1585631. html。

黄小勇,2010,《公共决策的公众参与困境及其管理策略——以广东番禺区垃圾焚烧发电厂风波为例》,《国家行政学院学报》第 5 期。

简文坤,2017,《论公共危机中的责任冲突的表现形式、特性及效应》,《天水行政学院学报》第 5 期。

埃里克·A. 诺德林格,2010,《民主国家的自主性》,孙荣飞等译,江苏人民出版社。

王晓飞,2019,《开放环保设施:企业义务,公民权益,政府作为》,《环境教育》第 Z1 期。

吴烽,2018,《环保设施引发"邻避"运动的深层次原因分析及风险防范化解之策》,《环境与发展》第 9 期。

徐云,2015,《SWOT 矩阵在城市垃圾焚烧发电厂选址中的应用分析》,《市政技术》第 1 期。

张昊希,2018,《企业在邻避治理中的角色分析》,硕士学位论文,中共中央党校。

张娟、娄文龙,2018,《PPP 模式下的邻避风险及其治理——基于利益相关者视角》,《唐山学院学报》第 5 期。

张衔、谭克诚,2011,《企业社会责任研究新探》,《中国流通经济》第 1 期。

周春晓,2018,《邻避冲突的生成及其治理——基于话语权失衡的考量》,《中共福建省委党校学报》第 7 期。

Deborah Doane, 2011, "Mandated Risk Reporting Begins in UK", *The New York Times*.

Michael Dear, 1992, "Understanding and Overcoming the NIMBY Syndrome", *Journal of the American Planning Association*, (3).

Research on the Participation of Enterprises in the NIMBY

—Based on 21 Typical Cases at Home and Abroad

Shao Renwei　Wang Yujing

Abstract: With the continuous development of urbanization in China, the construction of public infrastructure of NIMBY facilities is also increasing. However, this project, which can bring overall economic benefits to society and improve people's lives, will inevitably have an impact on surrounding communities because of its NIMBY property. With the increasing awareness of public rights, the construction of such facilities is often strongly resisted by the public. By selecting typical cases at home and abroad and analyzing from the perspective of direct stakeholders-enterprises, this paper clarifies the roles and methods that enterprises should play in the three stages of planning, site selection, construction and operation supervision, and clearly defines the role they should play. On this basis, this paper analyses the dilemma faced by enterprises in the role of NIMBY governance, and seeks effective ways to solve the NIMBY conflict from both external and internal aspects.

Keywords: NIMBY Facilities; NIMBY Governance; Enterprise Participation

研究方法

《地方治理评论》2019 年第 2 期

第 155～163 页

什么是好的案例研究？

——案例研究的目的、关联因素与理论价值生成

吴晓林*

摘　要：案例研究包含两个具有递进关系的目的：其一，解释新发现；其二，提出新的理论或假设。案例研究的优势在于聚焦"关系性整体"的认知解释，既能微观侦察因素联系，又能考察结构关系。完整的案例研究遵循"目的选择、过程实证与理论生成"三个步骤。案例研究应当是"就锅下菜"而不是"就菜下锅"，即研究者预设因果关系，在调查过程中引入结构化视角、多方位验证，继而生成新的理论对话基础。总体而言，一个好的案例研究应具备"以小见大"的关系性、挖掘"黑箱"的实证性，既能够提供圆满的故事展现，又能够在理论框架下挖掘因果机制。

关键词：案例研究；因果关系；理论对话；结构化

有人讲，案例研究和量化研究已经成为公共管理的两大主流方法，笔者大致认同。近年有一种趋势——"无量化不文章"，这在一定程度上显示了公共管理研究的规范化——至少在方法上下功夫了。但是，一味量化也不行，作为社会科学研究者，还要"接地气"，不能缺乏对研究对象的体验感。案例研究可能是一种更"接近"研究对象的方法。但是，要做好案例

---

*　吴晓林，南开大学周恩来政府管理学院教授、博士生导师，中国政府与政策联合研究中心研究员。

研究，也需要遵循一套规范的程序，注重理论与实践的结合。

一　案例研究的两层目的

笔者一向认为，案例研究是实证研究的一部分，不能只把量化研究当成实证研究，更不能认为只有量化研究才讲方法。

案例研究也遵循问题、理论、方法、验证、结论等研究程序。要做好案例研究，需要遵循一套严格的程序和方法。

与其他量化研究相比，案例研究的目的大致有二：一是揭示一种新发现，或者贡献一种新知识；二是提出一种新的理论假设，提供新的理论对话基础。

前者是本体论层面的贡献，就事论事，发现或总结之前没有人提出的"新现象"；后者是方法论层面的贡献，"小切口入手，回应或纠正既有的理论"。前者是所有研究都要追求的层次，没有新的发现，即使写出了论文也只能是"废纸一堆"，好的论文绝对不是重复别人的工作，重复别人的结论，重述已有的现象，如果连这个也做不到，论文是不可能发表的；后者是较高的理论追求，相对的是量化研究方法，量化研究更多是验证假设，讲究普遍性的认知检验，而案例研究更多着眼于"关系性整体"的认知解释，即"解剖麻雀"，特别是对"反常态事务"的一种内在机制的解释。这样一来，案例研究提出的假设就为量化研究提供了基础。

完成第一层次是案例研究的第一步和起码的要求，如果说连第一个层次都达不到，案例研究就是失败的，达到第二个层次是理想的追求，学术研究一般不能自说自话，要有对话乃至批判和创新。

二　案例研究的关联要素

一项好的案例研究首先是"目的导向"的，而后结合这个目的进场调查，动用各种力量逼近真实的世界，对研究对象既要用显微镜——细致入微地察看各类因素的联系，也要用望远镜——引入宏观的结构关怀和历史关怀，纵向和横向地探讨根源性的结构关系。整个案例研究过程包含"目的选择"、"过程实证"与"理论生成"三个部分。

1. 案例研究的目的——理论指向的目标选取

一个案例研究的展开，实际上是结果导向的。笔者将有目的的案例研究和无目的的案例研究称为"就锅下菜"和"就菜下锅"。前者，因为有目的（理论目的），有问题（这里的问题不是 problem 而是 puzzle）意识，到最后一定是回应相关理论，至少是验证因果关系假设的，这就叫"就锅下菜"；后者是一些调查研究经常犯的错误，大多是横向课题式的操作，为了完成一个课题，就去调研了，调研回来觉得素材挺好、问题也不错，就写案例研究，就着手头"杂乱无序"的素材写文章，找来找去，实在没什么理论涵养，只能造一些时髦的词来掩饰理论问题的苍白。有的索性就不找了，通过"问题—原因—对策"三段论来写文章，这个叫无奈的"就菜下锅"，无论菜好不好、对不对胃口，只能凑合着做。

那么，怎样才能做到"就锅下菜"？这个案例要呈现出什么样的结果？描述一个事实，还是回应一个理论、提出一种解释？一个合格的案例研究大凡也是在"因果关系"里做文章的。由此，仍然要有理论预设，仍然要去找对话的理论基础。这样，整个调研过程会跟着自己的框架走，而非被带跑带偏。

社会科学的研究对象本身是复杂的，相应的解释可以是多维的、多侧面的（这不意味着得出相互对立的答案）。对于案例研究来讲，选择了理论对话基础或框架，就类似于定量研究的"变量控制"，一个案例解释可以找准对话对象，把解释和讨论限定在可控范围以内，而非无限扩大。如果不能很好地找到理论框架，那样的研究往往大而不当、空泛无物。

例如，有一年笔者受委托去调研"临武瓜农事件"。2013 年 7 月，湖南省临武县发生了一起"瓜农与城管发生摩擦倒地身亡"的事件。拿到这个主题后，一般人会想到要去调查这个事情发生的始末，查出这个事情发生的原因，至少去调查为什么"流动摊贩会与城管发生摩擦"。其实，这样想，是事实的层次，是公安要做的，我们是学者，必须调研出深层次的东西。这个深层次必须是理论指向的、原理性的。所以，笔者最终将调查的目的定位为与冲突理论对话，而且将重点放到舆情处置过程中，目标是解决"为什么冲突都处置完了，舆情还是波涛汹涌？"

有了目标，首先梳理冲突理论，根据冲突处置的三个阶段——"冲突控制、冲突化解与冲突转化"，决定分析"为什么临武官方在冲突管理过程中的行为可圈可点，甚至认为冲突管理的经验可以向全国推广，而全国范围内的舆论却并不认同，反之对其做法形成了舆论围剿？"

伴随这样的问题以及冲突管理的三个环节，笔者一步一步地梳理和调查，每个环节临武官方是如何处置的，舆情是如何反应的？实际上，临武官方的工作主要集中在前两个阶段：第一，在冲突控制部分，连夜"转移了死者尸体"，以避免冲突继续扩大；第二，在冲突化解部分，通过各种渠道做家属工作，尽管瓜农死因还未查出（甚至后来的尸检结果也没有表明瓜农是被打死的），仍然按照《国家赔偿法》的标准赔偿死者家属 87 万元。但是，临武官方在冲突转化环节迟迟没有动作，即怎样从制度上规避类似事件的发生。

通过调查研究和分析，我们发现在整个冲突处理的环节中，临武官方存在"以传统的媒体应对结构应对新媒体、冲突转化环节与冲突处置环节脱节"两个"漏洞"（吴晓林、汤明磊，2016），因而整个处理过程舆情汹涌。这样的研究，可能比一般的过程描述要更深入一些。

2. 案例研究的过程——结构化视野下的多主体"证实"

案例研究一般是以一手资料和经验的获取为前提的，这就要做好案例的调查。而现实世界往往是复杂的，流行的做法是将微观的因果关系解释清楚。前几年流行事件分析、微观分析，实际上，这种精巧的研究很容易遮蔽大问题、大结构、大理论。这就要求"小处着眼、关怀结构"。

从组织学的角度出发，任何案例生发在一个系统之内，不是孤立的，而是互相关联的。因而，案例的调查要引入结构化视野，做好多主体的调查，如果只听一面之词，只听少数人讲，只看少部分材料，就很容易犯

"偏听偏信" 的错误。

例如, 在做 "临武瓜农事件" 研究的时候, 笔者不但抓取了网络舆情的发展信息, 还对当地官员进行了访谈, 为了保证多主体互相印证事实, 笔者排除困难, 联系上了死者家属, 进行了很好的访谈。

还有一个小故事让笔者印象深刻。笔者在研究台湾地区的社区治理时 (吴晓林, 2015), 既访谈了台湾地区社区营造政策的推手及社区营造的主官, 还访谈了社会组织、里办公处社区协会的诸多负责人。在访谈一位里长的时候, 里长说自己牵头申请了一个一亿新台币的项目。如果只听从他的讲法, 那么可能就会得出, 台湾地区的里长能力很大。在访谈邻近里长的时候, 笔者提到了这位里长的说法, 却被否定了。那位里长就讲得更加到位——哪里是他一个人申请的, 是多位里长联合起来一起申请下来的, 而且那一个亿的项目申请下来, 也不由里长支配。

同样的例子还有很多, 不但有否定的, 也有肯定的。例如, 在做国家级新区行政体制研究的时候 (吴晓林, 2017b), 我们到了几个乡镇, 在第一个乡镇问到的问题, 到了其他乡镇都要再问一遍, 目的就是检验真实性。

3. 案例研究的理论贡献——分析的展开与结论的生成

案例研究的铺排, 实际上也是一个 "因果关系" 的实证展开。与量化研究相比, 案例研究的长处在于能够引入相对丰富的想象力, 可以联想多重 "致果" 的因素, 但是也不能随意联想, 前面已经讲到, 相应的调查和分析一定是在理论框架内进行的。

从案例研究的组成部分来看, 在问题提出之后, 紧接着就是理论框架与研究方法, 继而在理论指导下明确分析单元, 这是第一个大的部分; 第二个大的部分是展开案例, 这个部分大多是作为结果变量出现的, 也就是介绍案例背景, 或者以事件史的形式, 或者以横断面的形式将案例描述出来; 第三个部分最为重要, 就是在理论指导下进行案例的分析; 第四个部分是结论与讨论。

一些好的案例研究大多是这样组成的, 至于说结构如何铺排, 是形式问题。但是, 从审稿过程来看, 一些案例研究往往止于 "描述", 以为把一个事件描述清楚就行了，最后简简单单收尾，干干巴巴，无血无肉。当然，案例研究的难处和见功夫之处也恰恰在此。人们经常面临的问题是，素材不少，却很难找到对话的理论，由此也很难进行理论分析。

记得在投稿《模糊行政：国家级新区管理体制的一种解释》的时候，笔者自认为是中英文学界里第一个实证研究国家级新区行政体制的，而且提出了"模糊行政"的概念。但仍然觉得这是一个本体论的概括，在理论上没有深入下去，审稿人的意思也是，这个讨论到底是在哪个理论框架下展开的，与什么理论对话？

笔者想来想去，与谁对话？要用任务型组织？仿佛这个提法并不新了，很容易看出来，国家级新区行政体制就是任务型的。"企业家政府""统合性政府"也已经有人用在开发区研究上了。

最后，仍然是回到公共组织领域，从组织的"工具性"与"价值性"争论入手来讨论因果机制，也最终溯源到公共行政的经典之争——西蒙的效率导向与沃尔多的价值派。后来，在分析中发现，公共行政的经典论争，对标的对象都是正式组织，而国家级新区的组织形态是非正式组织。

如果能够搞清楚非正式组织在效率与价值（合体制性）之间的光谱位置，引入时间序列来解释新区行政组织"小政府架构"的合理性与历史性，继而解释清楚其背后的原因，那就是案例分析、理论对话的最重要内容，也将会是这个研究最重要的贡献。由此，理论分析和对话就得到提升了。

笔者最终得出了一个解释——模糊行政的形成是"国家实验下的任务性组织"、"法律地位模糊的非正式组织"、"快速发展的绩效型目标"、单兵突进的"错位改革思维"共同作用的结果。作为一种探索性的试验体制，降低交易费用是其取胜的法宝，效率本身压倒"合体制性"成为政府的价值选择，也为国家试验保留了"试错回旋"的余地。但是，模糊行政的"精简"追求忽略了环境的复杂性，不得不接受既有体制的重重约束。模糊行政的提出有助于理解各类新区行政组织的运行、发掘"效率"与"合体制性"之间的张力与趋向，对降低新区发展阻力、推动新区行政改革具有参考意义。

三　结构性的案例研究才具有理论解释的价值

案例研究的一个优势，是系统展现因果机制和过程，零散多样的独立案例能够有意义，原因在于它们产出的知识在相关知识体系中具有累进性位置（张静，2018）。

也就是说，一个案例研究，既要有圆满的故事展现，也要挖掘背后的因果机制，二者缺一不可。笔者在之前的一篇文章中已经讲过"结构—过程"分析范式的重要性——结构负责将行动主体的关系抽象出来，过程负责连接结构与具体的经验，以此避免过于抽象的宏大理论与滑向小因果关系的理论自缚。结果—过程分析范式一方面切入实际运行的过程，寻求政治社会实践的操作主体、运行逻辑、运行效果以及主体关系，观察更加贴近实际的、用政策文本和静态结构难以描述的实际过程；另一方面，在实践中观察行动过程与结构的互相影响，透视过程背后千丝万缕的结构关系，以此来窥探政治社会运行的深层逻辑（吴晓林，2017a）。

因此，案例研究必须引入结构式的关怀才具有理论解释的价值，具体如下。

第一，任何案例都是关系性的，如果局限于微观的"小因果关系"的解释，就会得出碎片化的解释，应当力图在案例本身内部首先挖掘出"整体关系"的轮廓，就是"解剖麻雀"，把其物质结构讲清楚，同时把软件系统（体制机制）搞清楚，否则就不是一个完整的"麻雀"，或者是"木乃伊麻雀、骨头架麻雀"。

第二，任何案例都是连续性的，案例的发生不是孤立的，而是一个连续统、结构洞，是历史演进、大结构的一个环节、一个节点。案例研究需抹去外在的浮尘，挖掘"黑箱"，挂入理论演进的线条之上，这样才能有延续不断的理论发现。

第三，任何案例都是一般性的，做案例研究的时候，会强调案例本身的特殊性或者代表性，特殊性讲的是"为何例外"，代表性讲的是"概莫例外"，其实二者是解释统一问题的两个侧面，第一个貌似在讲例外，实际上也是在回应"如何不例外"。那么，案例研究本身提出了假设性的理论解释，留给量化研究的就是大量的量化检验了。从这个意义上讲，案例研究与量化研究是相辅相成的。

参考文献：

吴晓林、汤明磊，2016，《新媒体情境下冲突议题传播的"双重结构因素"——基于临武瓜农事件的分析》，《武汉大学学报》（人文科学版）第 1 期。

吴晓林，2017a，《结构依然有效：迈向政治社会研究的"结构－过程"分析范式》，《政治学研究》第 2 期。

吴晓林，2017b，《模糊行政：国家级新区管理体制的一种解释》，《公共管理学报》第 4 期。

吴晓林，2015，《台湾城市社区的治理结构及其"去代理化"逻辑——一个来自台北市的调查》，《公共管理学报》第 1 期。

张静，2018，《案例分析的目标：从故事到知识》，《中国社会科学》第 8 期。

What A Good Case Study Is：The Purpose，Related Factors and Theoretical Value Generation

Wu Xiaolin

Abstract：Case study includes two purposes with progressive relationship：one is to explain new findings，the other is to put forward new theoretical assumptions or theoretical dialogue basis. The advantage of case study is to focus on the cognitive interpretation of "relational whole". It can not only detect the relationship between factors，but also examine the structural relationship. A complete case study follows three steps，purpose selection，process demonstration and theory generation. Case studies should take place based on existing framework and purpose rather than analysis after collecting materials blindly. That is，researchers presuppose causality on the basis of theoretical dialogue，introduce a structured perspective and take care of multi-agent verification in the investigation process, and then, carry out case analysis under the guidance of theory to generate a new theoretical dialogue basis. In general, a good case study should have the relationship of "from small to large" and the empirical evidence of mining "Black Box". It can not only provide a complete story, but also excavate the causal mechanism behind the case under the theoretical framework.

Keywords: Case Study; Causal Link; Theoretical Dialogue; Structuration

《地方治理评论》2019 年第 2 期
第 164～173 页
© SSAP, 2020

做规范的案例研究：实现"故事""数据""理论"的对话[*]

单菲菲[**]

摘　要： 案例研究方法在公共管理学科被广泛运用，采用该方法进行研究的成果在公共管理具有影响力的刊物中占有相当比例。但这种研究方法也一直饱受质疑，回应质疑首先需要正视任何一种研究方法的优势与缺陷，其次要努力提升案例研究的理论贡献。为此，案例研究设计需注重"理论"在案例研究中的介入问题，遵循案例研究程序，尤其是注意分析单元与证据三角形等细节问题，这样才能避免"故事""数据""理论"的解释断桥，使案例研究成为构建中国公共管理理论的学术桥梁。

关键词： 案例研究；定性研究；研究方法；理论贡献

一　被公共管理学科广泛采用的案例研究方法

根据案例研究方法倡导者罗伯特·K. 殷的观点，案例研究是指遵循一套预先设定的程序、步骤对科学问题进行研究的方式，这一方法通常回答的是"怎么样"和"为什么"的问题，研究对象为当前正在发生的事件，

---

[*]　基金项目：国家社会科学基金项目"共建共治共享格局下的民族互嵌式社区绩效治理研究"（2019BMZ132）。

[**]　单菲菲，兰州大学管理学院教授、硕士生导师、公共管理博士后。

研究者无法对其进行控制（罗伯特·K. 殷，2004：65~67）。作为社会科学研究的基本方法之一，案例研究受到研究者尤其是定性方法研究者的青睐，政治学、管理学、社会学等学科涌现出越来越多优秀的案例研究成果。同样，在公共管理学科也不例外，案例研究被广泛运用（张建民、何宾，2011）。

以公共管理学科中比较有影响力的三个期刊《公共管理学报》《中国行政管理》《公共行政评论》①来看，2015~2019 年案例研究型论文在公共管理学的成果展现中占有一席之地。《公共管理学报》中案例研究型论文占到论文总量的 44%，《中国行政管理》中案例研究型论文占到论文总量的 11%，《公共行政评论》中案例研究型论文占到论文总量的 20%。从案例研究型论文在三个期刊上发表的趋势来看，发表数量大致呈上升趋势（见图1、图2、图3）。

图 1　案例研究型论文在《公共管理学报》上的刊发趋势（2015~2019 年）

案例研究方法之所以被公共管理学者广泛运用，是因为该研究方法已被证明是理论建构的有效方法之一。中国公共管理的丰富实践、独具特色的管理元素、深厚的公共管理文化底蕴，借用西方的公共管理理论难以全

---

① 据中国科学文献计量评价研究中心和清华大学图书馆研制的《中国学术期刊影响因子年报（2019 年）》报告，《公共管理学报》的复合影响因子为 7.235，《中国行政管理》的复合影响因子为 3.259，《公共行政评论》的复合影响因子为 3.131。

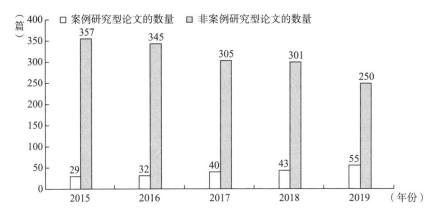

图 2　案例研究型论文在《中国行政管理》上的刊发趋势（2015～2019 年）

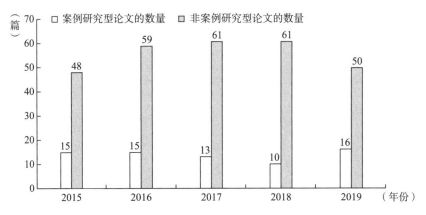

图 3　案例研究型论文在《公共行政评论》上的刊发趋势（2015～2019 年）

面解释，仅从规范的理论进行研究缺乏与实践的联系，采用大样本的实证研究无法理解实践背后的深层原因，而案例研究有助于发现和挖掘有意义的公共管理实践现象，为中国公共管理理论的构建做出贡献，所以这一研究方法被广泛运用到公共管理学的研究中。

二　回应案例研究的"质疑"：正视研究方法与提升理论贡献

一方面，我们看到案例研究方法在公共管理学中被广泛运用，但另一方面，案例研究方法发展至今，也饱受"质疑"。"质疑"的声音主要有两种：一是认为案例研究方法缺少严密性，不能够按照系统的程序进行研究；二是认为案例研究产生于特定的情境中，所以案例研究者经常被问到的问题是："案例研究能有多大的代表性"？"个案的结论如何推论到总体"？对此，本文的观点如下。

第一，正视任何一种研究方法的优势与缺陷。从方法论出发，案例研究通常被归类到定性研究中。从定性研究与定量研究孰优孰劣的角度探讨这一问题没有任何价值可言，关于定性研究与定量研究之争学界已有丰富的讨论。定量研究擅长从抽样中获取对整体状况的认识，定性研究在深入情境、挖掘深层次要素时具有优势。科学、全面地认知世界，两种方法都是必需的。由不同方法论衍生出的任何一种研究方法都有自己闪光的一面和无法企及的一面，调查法、实验法也不例外。所以，认为案例研究方法是"社会科学研究方法中最不具科学性、最不可靠的方法"（罗伯特·K.殷，2004：11）是错误的。如果案例研究一无是处，又怎会在公共管理的研究成果中占有相当比例？

第二，案例研究的支持者不能"神话"这一研究方法。正如上一条所述，案例研究必然有其"短板"与"不足"，单案例研究确实存在理论外推性较差的问题，案例研究的倡导者罗伯特·K.殷也正视这一问题，认为从多个案例中总结出来的结论会比从一个案例中总结出来的结论更扎实、更具说服力（罗伯特·K.殷，2004：59）。所以如何进行多案例研究、跨案例比较是案例研究方法推进的更高层次。并且当前，融合定性与定量优势的定性比较分析方法（QCA，Qualitative Comparative Analysis）正在悄然兴起。这种基于案例研究的混合研究设计将可能成为案例研究工具使用者未来的努力方向。

第三，案例研究既不能被"神话"，更不能被"神秘化"。无论采用定量方法还是定性方法，所有高质量的研究所依赖的逻辑都是相同的——以推论为研究目的、采用公开的研究程序、结论是不确定的、科学研究的内容是关于方法的（李平、曹仰锋，2012）。采用案例研究，所得出的结论不是研究者主观分析而来的，仍然需要严密的研究程序与数据分析挖掘。案例分析过程如果"神秘化"，必然受到定量研究支持者的质疑。所以在案例研究方法使用过程中，从案例现象上升到理论贡献的分析过程最为重要，也一定要清晰呈现，这样研究的信度与效度才能有所提升。

第四，案例研究对其运用者来说是一种非常具有挑战性的研究方法。经常听到案例研究的初试者（尤其是本科生、硕士研究生）说选择该方法的原因是自身不擅长数学计量，相较而言认为案例研究的访谈与讲"故事"更为容易。这是对案例研究的一种误解，案例研究对于科学研究者来说，是非常具有挑战性的方法。案例研究方法特别适合创建新颖见解和独特理论（李平、曹仰锋，2012：2），其中最难也是最精华的部分就在于如何从"故事"、"数据"到"理论"，实现理论贡献。没有相当的文献积累、严格的学术训练、丰富的实践经历，很难完成这一过程。所以下文粗浅地谈一谈如何做规范的案例研究，以实现理论贡献的研究目的。

三 案例研究理论贡献的关键：避免"故事" "数据""理论"的解释断桥

社会科学研究的旨趣在于建立资料和理论之间的连接，形成经验和理论的论证，案例研究提升至理论贡献的关键就在于避免"故事""数据""理论"的解释断桥。对此，本文的浅见如下。

第一，研究设计注重"理论"而非"故事"，重视"理论"在案例研究中的介入。案例研究强调对真实世界动态实践的展现，但是绝不停留于表征的反映，更重要的是深层次的归纳思考进而形成科学认知。因此，案例研究者在研究设计的过程中要舍得在案例"故事"细节上进行取舍，服务于理论发展的研究目的，要知道"鲜活案例不一定都能提炼出理论"（苏敬勤、贾依帛，2018）。事实上，当案例研究者向杂志投稿时就会发现，对于杂志编辑来说，"往往偏好文章围绕理论而不是故事展开"，"好的故事本身很难成为科学上的优势"（李平、曹仰锋，2012：30）。

那么案例研究中的理论建构是怎样一个过程？需不需要理论的前期介入呢？答案是肯定的。在科学研究过程中，完全"空白的大脑"是不存在的，脑海中必然存在已有知识积累形成的"前见"（郑庆杰，2015），并且科学研究本身也是一个积累、积淀基础上拓新的过程，必须重视已有文献的价值与贡献。在具体的案例研究过程中，笔者认为理论前期介入有两种类型，这与案例研究的目的相关①。在以探索为目的的案例研究中，寻找案例诊断性证据进而形成因果机制的关键在于已有的"先验性知识"（prior knowledge），这种"先验性知识"就包括已有的理论，案例研究要与旧有理论形成理论"对话"（蒙克、李朔严，2019），与文献、理论的"对话"是极其必要的。在以解释为目的的案例研究中，把案例故事作为检验理论假设的证据，更离不开理论前设，这与定量研究提出研究假设的路径是相似的。

第二，从"故事"、"数据"到"理论"的生产过程很难，这就要求遵照案例研究的程序完成。如何由"故事"、"数据"推演到"理论"，这是定量研究者经常质疑案例研究的地方，虽然案例研究不具备定量研究那样一套成熟、规范、已被认可的研究程序与范式，但案例研究的倡导者们仍然提供了两种程序范式（刘志迎、龚秀媛、张孟夏，2018）。

一种是罗伯特·K. 殷基于理论假设前提的研究模式，包括六个步骤：（1）计划阶段，判断研究是否适合采用案例研究方法；（2）设计阶段，构建理论假设和界定分析单位，并进行案例设计；（3）准备阶段，包括案例研究者技能的准备与进行案例研究的准备；（4）收集阶段，运用不同的数据来源，将证据相互融合形成"证据三角形"或"证据链"；（5）分析阶段，依据理论假设，进行案例描述，整合质性和量化数据，检验理论假设；

①　按照罗伯特·K. 殷的观点，案例研究根据研究目的被划分为描述型、解释型和探索型案例。事实上，描述型的案例非常少见，大多案例研究属于解释型与探索型。所以，本文此处主要探讨后两种。

（6）分享阶段，撰写案例研究报告与反复修改。

另一种是凯瑟琳·艾森哈特提倡的服务于理论建构的模式，包括八个步骤：（1）启动案例研究，界定研究问题，识别预设构念；（2）案例选择，运用理论抽样的原则抽取样本；（3）研究工具和程序的设计，综合运用定性和定量数据；（4）进入现场，对研究问题不断修正和改良，在数据收集中需注意三角验证、证据链；（5）数据分析，包含案例内分析和跨案例分析；（6）形成假设，即重复比较和检验的过程；（7）与文献对话，将形成的概念、假设和理论与现有文献进行比较；（8）达到理论饱和，结束案例研究。

公共管理研究者可以根据对理论的不同贡献方式，从上述研究程序范式中进行选择，但无论选择哪一种，这都是一个从"故事"、"数据"到"理论"的知识生产过程，其中不能包含"谜团"。

第三，无论遵照上述哪一种案例研究的程序范式，都会发现分析单元与"证据三角形"是重要细节。案例研究中，细致、明确地界定分析单位是一项重要工作，可以使数据收集的边界更为明确，从而使案例研究更富有针对性和效率（毛基业、张霞，2008）。基于多种数据收集方法的三角测量使得构念和假设具有更坚实的实证依据（李平、曹仰锋，2012：7）。但遗憾的是，公共管理研究者对这一问题的认识还不足。同样，从公共管理学中三个具有影响力的刊物来看，《公共管理学报》案例研究型论文中，有 8% 的论文明确"分析单元"或"分析单位"，13% 的论文说明"证据链"或"三角检验"问题；《中国行政管理》案例研究型论文中，有 1% 的论文明确"分析单元"或"分析单位"，2% 的论文说明"证据链"或"三角检验"问题；《公共行政评论》案例研究型论文中，有 4% 的论文明确"分析单元"或"分析单位"，13% 的论文说明"证据链"或"三角检验"问题（见图 4、图 5、图 6）。为了做规范的案例研究，这是今后案例研究者需重视的细节。

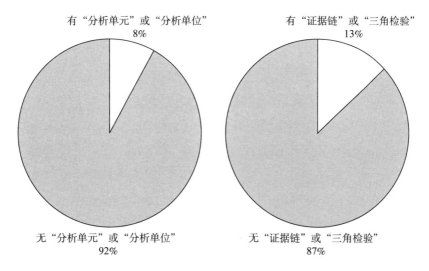

图 4　《公共管理学报》中涉及"分析单元"与"证据三角形"的
案例研究型论文占比（2015～2019 年）

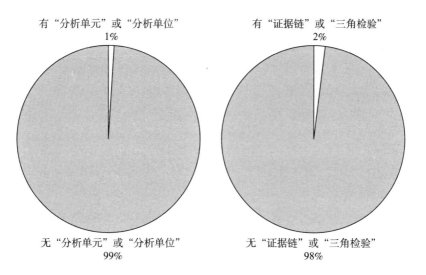

图 5　《中国行政管理》中涉及"分析单元"与"证据三角形"的
案例研究型论文占比（2015～2019 年）

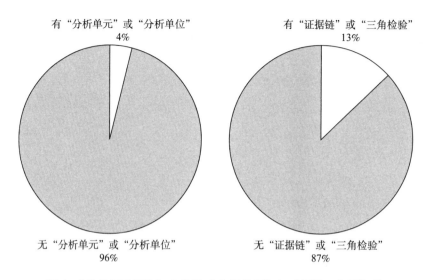

图 6　《公共行政评论》中涉及"分析单元"与"证据三角形"的
案例研究型论文占比（2015～2019 年）

以上拙见，敬请公共管理案例研究者斧正。虽然案例研究不应当是一个严格标准化的过程，但以上内容旨在讨论公共管理案例研究的规范性提升问题。期望在案例研究爱好者的推动下，该研究方法能够对推动中国公共管理理论发展发挥作用。

参考文献：

李平、曹仰锋，2012，《案例研究方法：理论与范例——凯瑟琳·艾森哈特论文集》，北京大学出版社。

刘志迎、龚秀媛、张孟夏，2018，《Yin、Eisenhardt 和 Pan 的案例研究方法比较研究——基于方法论视角》，《管理案例研究与评论》第 1 期。

罗伯特·K. 殷，2004，《案例研究：设计与方法》，周海涛主译，重庆大学出版社。

毛基业、张霞，2008，《案例研究方法的规范性及现状评估——中国企业管理案例论坛（2007）综述》，《管理世界》第 4 期。

蒙克、李朔严，2019，《公共管理研究中的案例方法：一个误区和两种传承》，《中国行政管理》第 9 期。

苏敬勤、贾依帛，2018，《我国工商管理案例研究现状、应用前景及情境化深度》，《管理学报》第 6 期。

张建民、何宾，2011，《案例研究概推性的理论逻辑与评价体系——基于公共管理案例
　　研究样本论文的实证分析》，《公共管理学报》第 2 期。

郑庆杰，2015，《解释的断桥：从编码到理论》，《社会发展研究》第 1 期。

Do Normative Case Study: Realize the Dialogue of "Story", "Data" and "Theory"

Shan Feifei

Abstract: Case study method is widely used in public management discipline, and the researches using this method occupy a considerable proportion in the influential journals of public management. However, this kind of research method has always been questioned. To respond to the question, we need to face up to the advantages and disadvantages of any research method first, and then strive to enhance the theoretical contribution of case studies. Therefore, the case study design should focus on the involvement of "theory" in the case study, follow the case study procedures, and pay particular attention to details such as analysis units and evidence triangles, so as to avoid broken bridge of interpretation on "story", "data" and "theory".

Keywords: Case Study; Qualitative Study; Research Method; Theoretical Contribution

《地方治理评论》2019 年第 2 期
第 174～181 页
© SSAP，2020

公共管理案例研究的初阶与进阶[*]

王　辉^{**}

摘　要： 案例研究由于注重案例深描和对过程与机制的探寻，故在公共管理研究领域具有重要的价值。本文遵循质性研究指引，并结合自身案例研究经历，反思与批评了当前中国公共管理案例存在的三个突出问题：盲目引用西方行政学理论来裁剪中国的公共管理实践，错把不规范不整全的资料收集当作案例研究，案例经验和引用理论之间的"两张皮"现象普遍。为了做好更具有理论解释力的案例研究，需要从初阶向进阶迈进。

关键词： 公共管理；案例研究；理论建构

公共管理是公共部门为实现社会公共利益和公共福祉进行的社会实践活动。故此，公共管理是一个包容性极强的研究领域，只要是与公共性相关的主体、方法、客体、体制、机制、工具、绩效等都构成其研究对象。从公共管理研究的目的来看，无论是大样本的定量研究还是以个案为导向的定性研究，都要立足相关的数据和经验分析，其结果都是谋求理论贡献。然而，两种研究路径却存在明显的区别，定量研究是在研究假设的基础上，通过数据分析来验证假设，而定性研究或案例研究更多是通过数据和经验材料建构理论。理论是一般性概念及其关系的抽象，案例研究的理论贡献

---

　*　基金项目：国家社科基金青年项目（18CSH063）、重庆大学中央高校基本科研业务经费项目（2018CDJSK01XK14、0202005202047/005、2019CDSKXYGG0042）。

**　王辉，重庆大学公共管理学院副教授，上海交通大学博士。

更多是对已有理论的延伸和修正。然而，当前中国公共管理案例研究大体上处于初阶阶段，这体现在如下三个方面。

一　从传统行政学到跨学科理论视角

公共管理作为一级学科，其最核心的二级学科当属行政管理。行政管理专业学者的长处是对行政学基本理论掌握透彻，谙熟古典公共行政、新公共行政、新公共管理、后新公共管理等西方行政学的发展脉络。故此，可以看到很多行政学的学者或研究生（笔者也曾如此）运用企业家政府思想来阐述我国的政府改革，运用新公共服务理论研究中国的服务型政府，运用西方合作治理思想来框剪中国的政社合作现象等，此外还有人运用法团主义和多元主义来套用中国社会的成长和国家与社会的关系，如此等等，不一而足。不可否认，西方行政学思想的引入打开了认识公共行政的重要窗户，也在一定程度上助推了中国的行政实践和学术研究。

然而，仔细推敲可以发现，盲目将西方的行政学理论不加辨析地套用到中国政府运作上显得不妥。究其原因，西方的经济社会情境、文化土壤、制度设置与中国有显著差异。如同样是发轫于20世纪70年代末的政府改革运动，西方是在经历了成熟的市场经济但是出现财政危机、社会信任危机的背景下开启的，而中国则是在计划经济走投无路和应对改革开放背景下的一种无奈选择。不同的社会环境条件和不同的制度安排不能构成学术理论的参照。西方整体上是以市场经济和乡村自治为基础的小政府形态，而中国的官僚体系却相对庞杂，是一个行政干预广泛的大政府形态。再比如，西方普遍强调政治—行政二分，而中国必须坚持"党政军民学、东西南北中，党是领导一切的"。中国共产党的领导贯穿到国家治理的各领域、各方面、各环节，政治过程和行政过程融合为一体。是故，运用西方行政学理论来解释中国的公共管理现象不是很妥帖。一旦引用西方理论，就要明确其适用的边界条件和程度范围，否则有可能削足适履。

公共管理作为交叉性学科，不仅管理学和政治学在其中发挥基础性作用，经济学、社会学、法学和心理学也在其中发挥重要作用。因此，也可以借鉴这些相关学科的理论视角，如研究社会抗争就可以运用心理学上的社会怨恨或社会剥夺理论，研究组织行为可以运用组织社会学中的多重制度逻辑理论，研究村民选举可以运用公共选择理论，研究村庄治理中的多主体互动可以运用博弈论，研究制度变迁既可以运用政治学所偏好的历史制度主义，又可以运用经济学所偏好的理性选择制度主义，还可以运用社会学制度变迁理论。另外在 20 世纪初，社会学研究还发展出过程—事件的分析策略用来研究正式权力的非正式运作、农民上访等相关议题。多学科的引进为我们看待和解释公共管理现象与问题提供了多重视角，助推了公共管理学科发展。其实，政府治理和运行机制研究也被当前多个学科所共享，如经济学者概括和梳理了财政联邦主义、行政发包制；社会学者建构了项目制、运动式治理；政治学者抽象出分层级的政策实验、碎片化的威权主义等学术概念。

故此，公共管理案例研究所追求的理论贡献，切不可保守西方行政学思想脉络，而应该根据中国场景，深入分析所欲讲述的经验故事和引用的理论视角，来看两者是否具有贯通性和契合性，进而在两者相互建构和多次穿梭的基础上，推进新理论的产生。而要借鉴和引用多元的理论视角，不仅要熟读政治学、管理学、社会学、经济学、心理学等相关学科经典著作，还要不断阅读最新的国内外学术文献。在当前，公共管理学的案例研究尤其需要向工商管理和社会学的案例研究范式学习。故此，养成定期翻阅这两个领域顶级期刊的习惯有助于我们从模仿走向创新。

二　从不规范不健全的案例资料到整全的案例资料

案例研究貌似简单，有的学者到调查现场走马观花式看看，随意找几个调查对象做下简单访谈或者是从二手文本中肢解一部分内容加以简单描述便以为是案例研究。这是对公共管理案例研究的极大误解。任何研究都是以求真求实为基础的。要想把案例研究做得扎实，达到理论建构的目的，就需要对案例事件的过程进行深入全面的了解。

　　2014 年夏天笔者初步确定博士学位论文选题是农村养老这一领域，而具体研究问题还没有最终确定下来。为了寻找合适的研究选题，笔者在网上浏览了大量的新闻报道，发现四川省阆中市所建立的农村幸福院互助养老非常有吸引力，于是通过熟人关系进入该幸福院，与举办幸福院的乡村干部、日常管理者、参与其中的老人、老人家属、普通村民、慈善捐赠者分别深入访谈，试图发现该种互助养老产生的原因、经过、模式、绩效等，并将该中心的活动记录和财务账本等拍下来，为发现互助逻辑和结果做前期资料收集工作。几天的调查之后，笔者为了探寻互助养老中心的互助活动对外出务工子女的带动、促进作用，又给他们的子女打电话以获得更翔实的资料。后来为了对该村的互助养老模式进行类型化提炼，又查阅了国家和多个省份的统计年鉴以及《社会服务报告》。可见，为立体透视案例的展演过程和来龙去脉，需要不断补充新的信息资料，而这不仅要求调查者深入现场的扎实调研，还需要追踪调查，以及结合必要的文本资料。经过一段时间的思考沉浸之后，笔者发现互助养老中心的产生运作是政府的支持带动了家庭、朋辈群体、社会慈善组织的支持。而这可以关涉到政策工具类型理论和社会支持类型理论，于是笔者分别以此为研究视角撰写了两篇学术论文。在此基础上，笔者还发现农村老年组织福利生产的连带性是普遍存在的，于是将其概括为连带福利。随后选择到浙江省 H 村蹲点十余天进行田野调查以补充和完善该理论，最后进行类型比较，最终写成博士学位论文《农村老年组织的连带福利机制研究》。为了形成整全的案例资料，可以从如下几个方面着手。

　　其一，在多次田野调查的经验上形成对案例的经验质感和总体把握。为此研究者需要花时间去磨，集中注意力去听，去感悟被访者话语的精妙所在。"没有全神贯注地长时间投入到具体访谈过程去体会其中的微妙之处，不用心，所搜集得来的访谈信息是没有用处的。……高度集中注意力才会有一颗'敏感'的心，才会在调查中把握住微妙的关键，才会心领神会，才会有正确时机的果断追问，才可能会有一轮又一轮的认识突破。"（贺雪峰，2014）

其二，田野调查中带不带有理论预设需要根据情况而定。一般而言，研究新问题和调查新现象不能够带有理论预设进入现场，正如扎根理论所强调的需要从社会现象的行动和过程中提炼出机制和逻辑（凯西·卡麦兹，2009：29）。笔者最初对农村互助养老调研只是认为该案例新颖，具有潜在研究空间，并没有带特定理论预设和概念框架进入调查现场。然而，如果案例研究的目的是比较，则需要带入相关的理论预设，以便较快地从比较的维度找到案例的差异。笔者在调研浙江省 H 村农村老年组织的连带福利时，便抱持着从国家与社会互动赋权的理论视角去搜集该村老年组织的产生方式、村庄社会结构等方面的信息，进而为案例比较奠定基础。

其三，案例调研的场所选择根据需要而定。选择调研者熟悉或陌生的场所各有利弊，熟悉的地方容易进入现场，交流起来便利，搜集的信息较为全面，其弊端是太熟悉容易对社会现象或问题熟视无睹，难以发现案例的精巧和新颖之处。而到陌生地方调研则刚好与此相反。具体选择到哪里调研，则要根据需要而定。

其四，案例研究的田野调查中，对于所获取的材料采取三角取证。由于个人利益、观念、时间、禁忌以及信息不对称等因素的限制，被访者所透露的信息可能是站在自身立场的即时回答，从而失去客观性。为此，需要对关键信息多方取证，或者是将多方访谈信息综合起来才可以做到完整取证，通过多方印证来保证案例材料的信度。如笔者在 H 村访谈时，问到 H 村农村幸福院是如何成立的，普通老人由于与村干部接触多，就认为这是村干部为他们谋取的福利。后来与镇干部交流才发现，镇政府在该中心成立过程中发挥了宣传引导、资金投入、关系嵌入等政策性支持作用，而村干部更多是做一些具体性事务。

三 从经验和理论"两张皮"到二者的双向建构

公共管理案例研究的长处是理论建构，其难点则是理论建构的不易——对公共管理现象的精准描述和解释取决于我们对经验现象和所预设理论的双向建构。当前的公共管理案例研究论文很多名曰案例研究，也引进了合适的理论工具，但是在具体研究时将二者割裂开来，或者是将理论搁置一边陷入经验主义的叙事逻辑，或者力图将二者相互建构却显得力不从心。凡此种种都会导致理论和经验"两张皮"，不能起到理论建构的作用。

　　理论建构始于问题意识。对公共管理案例研究的提问既可以从既有文献中发现已知和未知，进而提出研究问题和抽样，也可以通过田野调查发现新的或有趣的公共管理现象，再回过头来阅读文献，"得出文献中关于这一现象有哪些已知（现有理论T1）和未知；再通过现象与文献的反复比较，可以聚焦到某一具体研究问题。然后，针对研究问题，系统收集数据。之后，对数据进行分析和系统归纳，从而得到新理论T2（命题X→Y或过程X→M→Y），作为对T1的修正或延伸"（毛基业、李高勇，2014）。而这个归纳过程需要不断将所建构的理论与数据材料进行比较，从质性数据中得到理论是一个迭代的过程，如图1所示。

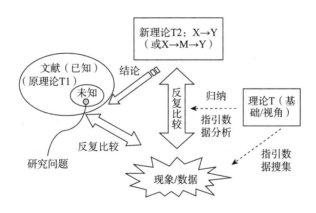

图1　案例研究的归纳逻辑和过程

资料来源：毛基业、李高勇，2014。

　　譬如当前关于运动式治理的研究中，既有的研究都提及运动式治理与常规治理的关系，而忽视了常规治理与长效治理的关系。长效治理是指主要依靠常规化官僚制来实现治理效果长期化和稳定化的一套政府治理体系，换言之，分工明确的官僚制（其组织结构体现为直线职能制）

是长效治理的组织制度主体部分。然而，长效治理并不简单等同于直线职能制的常规治理，而是要得到其他制度要素的支撑方可保障治理效果的长期化和稳定化。既有研究没有区分常规治理和长效治理的关系，也忽视了运动式治理是如何转向长效治理的，并认为常规治理的失效是运动式治理产生的根源。针对学界研究的不足，笔者通过田野调查，以川东 T 区活禽禁宰为案例，运用历史制度主义，从变迁动因、变迁关系、关键节点、变迁方式等四个维度来揭示运动式治理转向长效治理的内在机制，进而弥补既有研究的缺失。而其中运用的历史制度主义是进入场景之后的理论工具，它能对经验材料进行合理分类、归纳和解读（王辉，2018）。运用该理论的基本标志是引入基本概念，如制度变迁方式中的渐进变迁、结构性要素和能动性要素等。

严格意义上的理论建构要对所获得的经验材料沿着初始编码、聚焦编码、轴心编码、理论编码四个阶段展开编码。编码最好是多人共同进行，这样能够保证编码的信度。虽然编码过程工作量巨大，但是成文时仅需要运用图表来展示理论编码的结果，这样能节省论文版面。但是从另一个维度来讲，为了保证文章原始数据的可追溯性，可将编码数据一并提交给编辑部，便于读者索取来进行重复性操作验证。

理论建构的另一个难点是由于案例一般是极端案例（要么成功要么失败），故此其外推性和普遍性会受到质疑。如果要将所得出的理论外推，须知所得出的理论适用于一定的条件和条件组合。就此而言，多案例比较所得出的因果机制更具备外推的价值。而案例分类的惯用标准是构建 2×2 矩阵，如要研究政策干预程度与社会组织类型的关系，可从社会组织对社会的挑战性程度高低和对社会的服务性程度高低两个维度构建 4 个象限，并根据相应标准选择 4 个案例进行比较研究。科学研究的目的是明确因果关系，故此在确定所要解释的特定结果和条件/变量的基础上，通过案例比较找到二者之间的逻辑关系，或通过简化得出产生结果的条件组合，从而发现复杂的因果关系是定性比较法（QCA）能做到的。

参考文献：

贺雪峰，2014，《饱和经验法——华中乡土派对经验研究方法的认识》，《社会学评论》第 1 期。

凯西·卡麦兹，2009，《建构扎根理论：质性研究实践指南》，边国英译，陈向明校，重庆大学出版社。

毛基业、李高勇，2014，《案例研究的"术"与"道"的反思——中国企业管理案例与质性研究论坛（2013）综述》，《管理世界》第 2 期。

王辉，2018，《运动式治理转向长效治理的制度变迁机制研究——以川东 T 区"活禽禁宰"运动为个例》，《公共管理学报》第 1 期。

Initial and Advanced Stages of Public Administration Case Studies

Wang Hui

Abstract：Case study is of great value in the field of public administration research because it focuses on the deep description and the exploration of process and mechanism. Following the guidance of qualitative research and combining with the study experience, this paper reflects on and criticizes three prominent problems existing in current Chinese public management case studies. Firstly the Chinese public administration practice is blindly tailored by western administrative theories. Secondly irregular data collection is improperly taken as a case study. Thirdly the phenomenon of two skins between case experience and citation theory is very common. In order to do a better case study with theoretical explanatory power, it is necessary to develop from the initial stage to the advanced stage.

Keywords：Public Administration；Case Study；Theory Building

稿 约

《地方治理评论》是以地方治理的理论与实践为研究对象的社会科学类中文学术集刊,创刊于 2019 年,由教育部人文社科重点研究基地中国特色城镇化研究中心、苏州大学政治与公共管理学院和社会科学文献出版社联合编辑出版发行,每年出版两卷。

现面向学界征稿。具体说明如下:

一 栏目设置(包含但不限于)

1. 执政党治理
2. 政府治理
3. 市场治理
4. 社会治理
5. 生态治理
6. 文化治理

二 稿件要求

1. 论文一般以 0.8 万~1.5 万字为宜,最长不超过 2 万字。

2. 稿件采用中文,并请附上各 300~500 字的中英文摘要和关键词。

3. 本刊采用 APA 格式(可参考《社会学研究》)编排。凡引用他人资料或观点,请加注说明。在引文后加括弧注明作者、出版年度及页码,详细文献出处作为"参考文献"列于文末,以作者、出版时间、著作或论文名称、出版单位或期刊名称排序。文献按照作者姓氏的第一个字母顺序排列,中文在前、英文在后。作者本人的注释采用当页脚注。文中所用图表应符合出版标准。

三　投稿邮箱

dfzlpl2019@163.com

四　其他说明

1. 来稿切勿一稿多投，大作一经刊发，即向作者寄奉样刊并支付稿酬。

2. 投稿论文采用国际通行的匿名审稿制度。自投稿之日起两个月内未收到本集刊备用或录用通知者，可自行处理。编辑部有权对来稿进行修改。不同意修改者请在投稿时注明。

3. 在本集刊上发表的文字不代表编辑部的观点，作者文责自负。

4. 本集刊热忱欢迎海内外专家学者组织并主持研究专题，并欢迎青年学者和博士研究生踊跃投稿。

5. 来稿请附上作者简介，包括作者真实姓名、出生年月、性别、籍贯、所属机构、职称学位、研究方向，同时请提供通信地址、电话、电子邮箱地址，以便联络。

编辑部地址：

中国江苏省苏州市工业园区仁爱路 199 号，苏州大学政治与公共管理学院《地方治理评论》编辑部（邮编 215123）。

《地方治理评论》 编辑部

图书在版编目（CIP）数据

地方治理评论. 2019 年. 第 2 期：总第 2 期 / 陈进华
主编. -- 北京：社会科学文献出版社，2020.11
　　ISBN 978 - 7 - 5201 - 7564 - 7

　　Ⅰ.①地…　Ⅱ.①陈…　Ⅲ.①地方政府 - 行政管理 -
研究 - 中国 - 丛刊　Ⅳ.①D625 - 55

　　中国版本图书馆 CIP 数据核字（2020）第 215137 号

地方治理评论（2019 年第 2 期　总第 2 期）

主　　编／陈进华

出 版 人／谢寿光
组稿编辑／刘骁军
责任编辑／姚　敏

出　　版／社会科学文献出版社·集刊分社（010）59367161
　　　　　地址：北京市北三环中路甲 29 号院华龙大厦　邮编：100029
　　　　　网址：www.ssap.com.cn
发　　行／市场营销中心（010）59367081　59367083
印　　装／三河市尚艺印装有限公司

规　　格／开　本：787mm × 1092mm　1/16
　　　　　印　张：11.75　字　数：167 千字
版　　次／2020 年 11 月第 1 版　2020 年 11 月第 1 次印刷
书　　号／ISBN 978 - 7 - 5201 - 7564 - 7
定　　价／68.00 元

本书如有印装质量问题，请与读者服务中心（010 - 59367028）联系